NEGRAS ANTROPOLOGIAS
ONDA NEGRA, MEDO BRANCO
TECENDO CAMINHOS E ENFRENTAMENTOS FUTUROS

Editora Appris Ltda.
1.ª Edição - Copyright© 2025 dos autores
Direitos de Edição Reservados à Editora Appris Ltda.

Nenhuma parte desta obra poderá ser utilizada indevidamente, sem estar de acordo com a Lei nº 9.610/98. Se incorreções forem encontradas, serão de exclusiva responsabilidade de seus organizadores. Foi realizado o Depósito Legal na Fundação Biblioteca Nacional, de acordo com as Leis nos 10.994, de 14/12/2004, e 12.192, de 14/01/2010.

Catalogação na Fonte
Elaborado por: Dayanne Leal Souza
Bibliotecária CRB 9/2162

N385n 2025	Negras antropologias onda negra, medo branco: tecendo caminhos e enfrentamentos futuros / Organizadores: Ana Clara Damásio ... [et al.]. – 1. ed. – Curitiba: Appris, 2025. 171 p. ; 21 cm. – (Coleção Ciências Sociais). Vários autores. Inclui referências. ISBN 978-65-250-7361-3 1. Ações afirmativas. 2. Epistemologia. 3. Antropologia. 4. Relações raciais. I. Damásio, Ana Clara. II. Título. III. Série. CDD – 305.8

Livro de acordo com a normalização técnica da ABNT

Appris editorial

Editora e Livraria Appris Ltda.
Av. Manoel Ribas, 2265 – Mercês
Curitiba/PR – CEP: 80810-002
Tel. (41) 3156 - 4731
www.editoraappris.com.br

Printed in Brazil
Impresso no Brasil

Ana Clara Damásio
Flávia Cabral
Jordhanna Cavalcante
Juliana Chagas
Lidomar Nepomuceno
(org.)

NEGRAS ANTROPOLOGIAS
ONDA NEGRA, MEDO BRANCO
TECENDO CAMINHOS E ENFRENTAMENTOS FUTUROS

Appris
editora

Curitiba, PR
2025

FICHA TÉCNICA

EDITORIAL
Augusto Coelho
Sara C. de Andrade Coelho

COMITÊ EDITORIAL
Ana El Achkar (Universo/RJ)
Andréa Barbosa Gouveia (UFPR)
Antonio Evangelista de Souza Netto (PUC-SP)
Belinda Cunha (UFPB)
Délton Winter de Carvalho (FMP)
Edson da Silva (UFVJM)
Eliete Correia dos Santos (UEPB)
Erineu Foerste (Ufes)
Fabiano Santos (UERJ-IESP)
Francinete Fernandes de Sousa (UEPB)
Francisco Carlos Duarte (PUCPR)
Francisco de Assis (Fiam-Faam-SP-Brasil)
Gláucia Figueiredo (UNIPAMPA/ UDELAR)
Jacques de Lima Ferreira (UNOESC)
Jean Carlos Gonçalves (UFPR)
José Wálter Nunes (UnB)
Junia de Vilhena (PUC-RIO)

Lucas Mesquita (UNILA)
Márcia Gonçalves (Unitau)
Maria Aparecida Barbosa (USP)
Maria Margarida de Andrade (Umack)
Marilda A. Behrens (PUCPR)
Marília Andrade Torales Campos (UFPR)
Marli Caetano
Patrícia L. Torres (PUCPR)
Paula Costa Mosca Macedo (UNIFESP)
Ramon Blanco (UNILA)
Roberta Ecleide Kelly (NEPE)
Roque Ismael da Costa Güllich (UFFS)
Sergio Gomes (UFRJ)
Tiago Gagliano Pinto Alberto (PUCPR)
Toni Reis (UP)
Valdomiro de Oliveira (UFPR)

SUPERVISORA EDITORIAL
Renata C. Lopes

PRODUÇÃO EDITORIAL
Daniela Nazário

REVISÃO
Katine Walmrath

DIAGRAMAÇÃO
Ana Beatriz Fonseca

FOTO DE CAPA
Ismael Silva

CAPA
Mateus de Andrade Porfírio
Projeto gráfico de rnld Nogueira (Onda Negra,
medo branco - catálogo - 2022)

REVISÃO DE PROVA
Bianca Pechiski

COMITÊ CIENTÍFICO DA COLEÇÃO CIÊNCIAS SOCIAIS

DIREÇÃO CIENTÍFICA
Fabiano Santos (UERJ-IESP)

CONSULTORES
Alícia Ferreira Gonçalves (UFPB)
Artur Perrusi (UFPB)
Carlos Xavier de Azevedo Netto (UFPB)
Charles Pessanha (UFRJ)
Flávio Munhoz Sofiati (UFG)
Elisandro Pires Frigo (UFPR-Palotina)
Gabriel Augusto Miranda Setti (UnB)
Helcimara de Souza Telles (UFMG)
Iraneide Soares da Silva (UFC-UFPI)
João Feres Junior (Uerj)

Jordão Horta Nunes (UFG)
José Henrique Artigas de Godoy (UFPB)
Josilene Pinheiro Mariz (UFCG)
Leticia Andrade (UEMS)
Luiz Gonzaga Teixeira (USP)
Marcelo Almeida Peloggio (UFC)
Maurício Novaes Souza (IF Sudeste-MG)
Michelle Sato Frigo (UFPR-Palotina)
Revalino Freitas (UFG)
Simone Wolff (UEL)

"O presente trabalho foi realizado com apoio da Coordenação de Aperfeiçoamento de Pessoal de Nível Superior — Brasil (Capes) — Código de Financiamento 001."

*E acredito, acredito sim
que os nossos sonhos protegidos
pelos lençóis da noite
ao se abrirem um a um
no varal de um novo tempo
escorrem as nossas lágrimas
fertilizando toda a terra
onde negras sementes resistem
reamanhecendo esperanças em nós.*

(Conceição Evaristo)

AGRADECIMENTOS

Como um coletivo de pessoas negras, sabemos como nossa luta e movimento se fortalecem e se constroem a muitas mãos. Orientadas por essa consciência, queremos agradecer a todas que contribuíram com este projeto, desde a realização do *VI Negras Antropologias*, evento que deu origem a esta publicação. Portanto, queremos agradecer, primeiramente, às integrantes do Coletivo Zora Hurston, à época, que compuseram a Comissão Organizadora do *VI Negras Antropologias*, Ana Clara Damásio, Carolina Abreu, Flávia Cabral, Ismael Silva, João Siqueira, Juliana Chagas, Lidomar Nepomuceno, Nayra Sousa e Rose Francisco. Nossa profunda gratidão por toda a dedicação, compromisso e competência de todas vocês na construção do evento.

Queremos, também, agradecer de forma muito especial ao Instituto de Inclusão no Ensino Superior e na Pesquisa (INCT/CNPq), na pessoa do seu coordenador, Prof. Dr. José Jorge de Carvalho, pelo financiamento que viabilizou a realização do evento. Nesse âmbito, agradecemos, ainda, ao Departamento de Antropologia da Universidade de Brasília (DAN/UnB) e ao Programa de Pós-Graduação em Antropologia Social (PPGAS/UnB), pelo apoio institucional para realização do *VI Negras Antropologias*.

Por fim, queremos manifestar nossa mais profunda gratidão às parcerias que tornaram possível a publicação desta obra, sonhada por nós e materializada por muitas generosas mãos que a nós se juntaram neste projeto. À Coordenação de Aperfeiçoamento de Pessoal de Nível Superior (CAPES) e ao Programa de Pós-Graduação em Antropologia Social da Universidade de Brasília (PPGAS/UnB), pelo financiamento que viabilizou esta publicação, de forma especial na pessoa de seu coordenador, Prof. Dr. Guilherme Sá, por toda a atenção, diálogo e disponibilidade; à Editora Appris, por todo o profissionalismo, cuidado e empenho na realização deste projeto, desde o primeiro contato; e a todas as autoras que compõem lindamente esta obra, pela disposição e coragem de sonhar e semear esperança juntas com o Coletivo Zora Hurston, nosso muito obrigada.

*Às nossas mais velhas, que abriram os caminhos até aqui,
e também àquelas que ainda virão, pelos caminhos
que seguiremos abrindo juntas, de forma coletiva.*

PREFÁCIO

O livro *Negras Antropologias* vem a público para se somar ao debate pungente sobre a inevitabilidade e a urgência de se pensar e incorporar a racialidade no campo acadêmico, na vida universitária e na comunidade de antropologia brasileira em suas diversas dimensões. O livro reúne textos oriundos das apresentações orais que compuseram o evento Negras Antropologias ocorrido em 2022, em sua sexta edição. Tanto o evento quanto esta publicação foram organizados por integrantes do Coletivo Zora, que, desde 2017, congrega, em uma lógica de aquilombamento, estudantes negras e negros do PPGAS/UnB. As páginas que compõem a obra são marcadas por certa diversidade: de perspectivas, de níveis de análise, de escolhas narrativas e das/os próprias/os autoras/es em si, pois se trata de pesquisadoras/es em diferentes momentos e trajetórias de sua formação como antropólogas/os. Tais camadas de diversidade dão o tom da coletânea, uma vez que são cuidadosamente alinhavadas, não só por uma temática comum, mas por um eixo compartilhado, qual seja, a conexão entre vivências/ dramas singulares e causas políticas, assim como a dimensão afetiva e moral presente nessas interfaces. Isso, por si só, já é um chamado à leitura.

O convite para prefaciar tal obra me trouxe um misto de sentimentos e, talvez impactada por tudo o que estas linhas encerram, escolhi estes como o meu fio condutor para produzir um texto preliminar, que pretende não somente apresentar, mas refletir junto e incentivar a leitura. A reação imediata à mensagem que me chegou por parte de membros do Coletivo Zora foi de surpresa. Ainda que soubesse que o livro estava sendo gestado com o incentivo da coordenação do PPGAS, a possibilidade de contribuir diretamente com algumas reflexões sobre o processo que nos trouxe até aqui não estava em meus horizontes. Pensar sobre essa sensação inicial me levou a dois caminhos narrativos que se relacionam com as posições que ocupamos em nossos campos disciplinares.

De início, meu lugar aqui não é exatamente de especialista nos temas que a obra suscita, visto que não tenho pesquisa sistemática sobre relações raciais, ações afirmativas ou cotas étnico-raciais. Uma resposta possível a esse incômodo inicial pode ser a de que, enquanto cientistas sociais implicadas/os direta e indiretamente nesse debate, reunimos não só as condições, mas a obrigação de refletir sobre tais processos. Tentar extrair ponderações das experiências concretas que permeiam nosso cotidiano nos últimos vinte e dois anos (quando da implementação da Lei 12.711/2012 de Política de Cotas) é movimento fundamental para tornar inteligíveis outras situações igualmente concretas. A reflexão e sua partilha são formas privilegiadas de fazer com que a história pregressa se acumule, evitando a repetição de violências e sofrimentos.

A surpresa, que começava a se transformar em disposição para a escrita quando comecei a me apropriar das publicações já existentes sobre o tema, foi atravessada por mais uma camada de incômodo relativo ainda à minha posição no campo. Sou identificada e me autoidentifico como uma pessoa branca, e é a partir desse lugar que vivo os tensionamentos raciais que marcam nossa sociedade de maneira estruturante e nossa comunidade, universitária e antropológica, de forma particular. Esse lugar da branquitude, em um país como o Brasil, não só insere pessoas como eu em uma posição de privilégio, mas do reconhecimento desse privilégio somente quando ele é questionado.

Penso, diferente de alguns, que meu lugar racial nem inviabiliza e nem insere minhas reflexões em um nicho específico, como "fora de lugar". Se levamos a sério as demandas de que pessoas brancas se entendam como racializadas, suas percepções sobre os tensionamentos raciais são tão legítimas como quaisquer outras, desde que explicitando e compreendendo de que lugar estamos falando. Aqui não posso deixar de pontuar que, em minha revisão da literatura sobre o tema, me causou alguma estranheza perceber que autoras/es que falam de lugares raciais semelhantes ao meu, incluindo alguns de reconhecida *expertise* no debate, não se posicionem em seus textos. Ainda estaria a necessidade de se posicionar restrita a alguns corpos?

Ponderar sobre tais questões me estimulou a superar uma surpresa que flertava com um sentimento de inadequação a aceitar o desafio de partilhar minhas reflexões. Minha tentativa é de contribuir com um espaço de diálogo que vimos construindo enquanto comunidade e instituição. A publicação que ora apresento é uma expressão dessa construção.

E sim, escrever está sendo desafiador. Se essa frase é um truísmo, aqui ela assume uma tonalidade particular, porque pretende dar a linearidade que o texto escrito demanda a uma vivência como docente e antropóloga que me retira de um lugar de conforto, posto deslocar fronteiras que pareciam estar estabelecidas e nas quais um corpo como o meu parecia estar bem localizado.

Fronteiras são lugares de alteridade, perigo, medo e imaginação. Norbert Elias, ao falar do medo do outro (uma das categorias que habita o título desta obra) na vida social, afirma que ele pode resultar ou em desejo de exclusão desse outro, para que se recobre a paz da autoidentidade, ou na inclusão/incorporação, restando a questão de como esta se daria. Certamente todo tal processo não é vivido sem conflitos.

É desse lugar permeado por tensões que me implicam e me atravessam que escrevo. Tais tensões e conflitos estão estampadas nas reflexões das/os autoras/es desta coletânea, que se somam a um conjunto de publicações que já se acumulam em nosso campo e que podem ser facilmente acessadas a partir das bibliografias manejadas nos capítulos que seguem.

Os processos de adoção e implementação das políticas de ação afirmativa nas universidades brasileiras, primeiro ao nível de graduação e, mais recentemente, na pós-graduação, têm sido foco de reflexão por pesquisadoras/es oriundas/os de diferentes universidades do país — UFRJ, UnB, UFG, UFBA, USP, só para citar algumas. Tal conjunto já nos permite afirmar que não tem sido simples. Se os resultados das votações pela adoção (em colegiados, câmaras e conselhos das universidades) das políticas de cotas são marcados pela quase unanimidade em prol da política, o caminho é permeado por mobilizações, negociações, lutas, convencimentos, recuos, avanços, hesitações e suspeições.

Portanto, o que a literatura aponta é que a adoção de tais políticas não é resultado nem da iniciativa, nem da concessão dos programas ou universidades, mas de luta. Uma luta que tem cor, etnia e fundamento histórico longínquo, como lembra Conceição Evaristo em entrevista ao podcast Mano a Mano. Para o período de que estamos aqui tratando, a peleja é mobilizada por estudantes que assumem riscos pessoais e coletivos, ao questionarem as fronteiras com a vivacidade que processos de transformação social demandam. Expor tais vivências em suas diferentes camadas, inclusive pessoais, talvez seja a contribuição maior desta coletânea.

Se o conceito de racismo pode implicar tanto preconceitos de ordem mais ou menos pessoal quanto fatos sociais mensuráveis, creio que o que podemos extrair dos estudos em nossa área sobre os processos de adoção das políticas de cotas para negros e indígenas é que se trata menos de fulanizar o racismo, e mais de refletir no sentido de superar práticas que reproduzem relações de exclusão étnico-raciais que permeiam nossos cotidianos como membros de comunidades acadêmicas.

O debate que vem sendo sistematizado, e ao qual este livro contribui inequivocamente, nos permite observar que já temos avanços relativamente consolidados no que diz respeito à adoção das políticas de ação afirmativa. Porém, não podemos dizer o mesmo de sua fase de implementação. Não tenho qualquer intenção de fazer diagnósticos aqui, mas o exemplo do que temos enfrentado na Universidade de Brasília deve ser mencionado. Trata-se de instituição pública de ensino superior que adota política de ação afirmativa desde 2003 na graduação, desde 2013 na pós-graduação em Sociologia — programa pioneiro nessa iniciativa, seguido pelo Programa de Pós-Graduação em Antropologia — e, a partir de 2020, em toda a sua pós-graduação.

Falando somente do caso do PPGAS/UnB, temos a política de ação afirmativa aprovada há dez anos. Esse foi um período marcado por inúmeros debates, a exemplo da formação do Coletivo Zora, e visíveis aprimoramentos com relação às vagas disponibilizadas, distribuição de bolsas, incorporação de estudantes quilombolas etc. Entretanto, não podemos dizer o mesmo com relação a questões fundamentais para a permanência de estudantes cotistas, como moradia universitária e acesso às políticas sociais que viabilizem sua manutenção em uma cidade como Brasília.

Essa era uma de nossas "lutas" em 2015, quando recebemos nossos primeiros estudantes indígenas no PPGAS. Essa ainda segue sendo a pauta de hoje, somada às camadas de precarização adicionadas pelo último governo. O saldo, desde 2014 (para ficarmos só na pós-graduação da UnB), é uma ampliação visível no acesso e uma quase completa inação no que concerne às iniciativas que viabilizem não só a permanência, mas uma vida acadêmica em condições dignas e que respondam às expectativas legítimas por excelência.

Olhando para além das condições materiais de existência e nos voltando para nossa comunidade de antropólogas/os, aqui também são enormes os desafios. Tal como salientado pelos textos aqui reunidos, há resistências às tentativas de se racializar e etnicizar o campo discursivo, a reagir positivamente às propostas de estudantes por renovadas perspectivas e literaturas e ao engajamento coletivo no movimento (a meu ver, já sem volta) de desafiar as certezas da disciplina e tecer novos caminhos. Certamente tudo isso nos desconforta enquanto docentes e pesquisadoras/es, porque nos descentra, nos desafia e, em alguma medida, nos divide e nos faz hesitar. A questão que nos fica nos remonta à metáfora do lugar, ou seja, como nos reposicionamos quando as fronteiras se movem?

É essa questão que me leva a mais um sentimento que permeou esta escrita e que tem orientado minha vida profissional nos últimos anos, o ânimo! Sendo bem sincera, o medo e o ânimo têm andado de mãos dadas em um ritmo de dois pra lá, dois pra cá. Assim como diversas/os de nós, não tenho qualquer certeza sobre qual futuro as tensões que enfrentamos hoje nos reservam. Mas tenho esperança! Aposto no efeito transformador do movimento, categoria com a qual trabalho nos muitos anos em que acompanho famílias de migrantes que vão, voltam, se deslocam e se espalham física e simbolicamente em suas redes de relação. O que mantém seus sentidos de pertencimento? Sugiro ser a gestão do equilíbrio fino de se manterem conectados no duplo trabalho de transformar e reproduzir. É um compasso delicado, mas que permite a continuidade em um cenário em que o sedentarismo poderia, ele sim, implicar rupturas.

Dois são os ancestrais que me inspiram a seguir animada, apesar dos momentos de medo. O primeiro deles é ninguém menos que Lévi-Strauss em seu texto *A crise moderna da Antropologia*, de 1961. Ao traçar o contexto de uma disciplina que estaria a ponto de sucumbir a uma conspiração tramada, ou por povos que estariam por desaparecer ou por aqueles que impunham a ela uma recusa, ele se pergunta: será suficiente admitir como princípio que de agora em diante nossas pesquisas não se farão em um sentido único? Sua resposta é de que a reciprocidade seria o caminho desejável, pois lucraríamos todos com a multiplicação das perspectivas. Mas, ele alerta: não tenhamos ilusões, pois o que é diversidade para uns (os antropólogos) é uma desigualdade insuportável para outros (os outros da antropologia). Então, qual o único caminho a ser vislumbrado? Uma transformação profunda da antropologia. Mais do que um simples alargamento de seus limites, uma transformação na sua natureza mesma.

Minha segunda fonte de inspiração é de uma ancestral mais próxima, mas já ancestral, minha querida Professora Alcida Ramos. Em um estimulante e belíssimo artigo publicado no Anuário Antropológico por ocasião dos 50 anos do PPGAS/UnB, Alcida nos brinda com seu entusiasmo diante da adesão indígena ao campo antropológico. Em suas palavras, "Defendo a proposta de que, como sujeitos plenos no campo antropológico, os indígenas 'indigenizem' a antropologia, contribuindo para a sua urgente renovação". O paradoxo de nossa disciplina — de afirmar a diversidade e "negar a inferioridade com o fim de dissimulá-la, contribuindo assim, mais ou menos diretamente para que ela fosse mantida", apontado também por Lévi-Strauss — está presente nas reflexões da autora, quando se pergunta se a antropologia seguirá como fiel escudeira de uma tradição que, se não mudar, definha. Sua aposta é no movimento e no potencial das conversações, e não dos monólogos.

Ao trazer aqui essas duas inspirações, quero salientar não só a vivacidade que extraio de suas reflexões, mas seus pontos de partida. Trata-se, cada um em sua medida, de autores de referência em seus campos e com reconhecida contribuição à disciplina quando da escrita dos textos aqui referenciados. É desse lugar que ambos percebem que mudanças estão em curso, que elas não acontecem sem tensões e momentos de conflitos, e que conflitos, como dizia Simmel, são formas sociais que possibilitam construir ou destruir. Nesse cenário, afirmar o potencial transformador de nossa disciplina, se esta for capaz de acolher e se beneficiar dos diálogos que a construíram, parece ser o melhor caminho.

Esse é também o meu empenho e por isso aceitei o desafio desta escrita. Como antropóloga, acredito que seremos capazes de nos renovar na diversidade de corpos e de trajetórias que constituem nossa comunidade e com as quais a universidade de hoje nos brinda. Como membro de uma comunidade acadêmica que, não sem questões e controvérsias, tem apostado no diálogo para abrigar perspectivas distintas, olho para a sala de aula na qual já fui estudante e hoje sou professora e, com satisfação, percebo que estamos no bom caminho.

Se já tivemos "casos", hoje temos "coletivos" e uma história refletida, o que prepara o percurso para a transformação vislumbrada por nossos ancestrais.

Finalizo com a inspiração que colho de quem me sucede, ao me somar à Rosana Castro (neste volume), quando, em diálogo com bell hooks, afirma que não há lugar mais estratégico, mais potente e mais rico para essa renovação do que a sala de aula enquanto comunidade de aprendizagem na disputa por uma educação (e, eu acrescento, uma academia e uma antropologia) transformadora.

Halle, 23 de setembro de 2024.

Prof.ª Dr.ª Andréa Lobo

Departamento de Antropologia da Universidade de Brasília.

SUMÁRIO

INTRODUÇÃO 23

MOVIMENTOS NEGROS, CRÍTICA RACIAL
E TRANSFORMAÇÃO 33
Ari Lima

UMA CARTA PARA bell hooks:
REFLEXÕES DE UMA JOVEM DOCENTE NEGRA 55
Rosana Castro

A VOZ QUE GRITA, CLAMA E CHORA: EM CAMPO COM MEU
TUMOR (SE É QUE ELE ERA MESMO MEU) 71
Gabriela da Costa Silva

CAMPO, CORPO E CLICKS...79
Ismael Silva

"É IMPRESSÃO MINHA OU TODO MUNDO FICA TE ENCARANDO
ONDE VOCÊ PASSA?": O CORPO DO ANTROPÓLOGO EM UM
TRABALHO DE CAMPO NA CAPITAL CABO-VERDIANA 89
Vinícius Venancio

"VOU CONTINUAR SONHANDO!": NOTAS ETNOGRÁFICAS DE
PÚBLICOS DE UM CENTRO CULTURAL EM TERESINA (PI) 101
Nayra Joseane e Silva Sousa

OLÁ, LÉLIA, OLÁ, ZORA: UM CONVITE PARA FALAR COMO
SEGUIMOS SEUS [COM]PASSOS 113
Juliana Chagas

ISSO NÃO É UMA AUTOETNOGRAFIA! 123
Ana Clara Damásio

COTAS EPISTÊMICAS E OS DESAFIOS DE UMA ESCRITA DESCOLONIZADORA NA ANTROPOLOGIA 137
Aline Miranda

COTAS EPISTÊMICAS: POLÍTICA DE AÇÃO AFIRMATIVA E DE PROMOÇÃO DA SAÚDE MENTAL UNIVERSITÁRIA 147
João Paulo Siqueira

"ESSE AÍ É SEM FUTURO": PROCESSOS DE SUJEIÇÃO CRIMINAL DE ADOLESCENTES EM CONFLITO COM A LEI 155
Flávia Cabral

SOBRE OS AUTORES 165

INTRODUÇÃO

O livro *Negras Antropologias* nasceu como um dos braços do projeto do Coletivo Zora de mesmo nome. O evento Negras Antropologias já contava com cinco edições, quando, em 2022, o VI Negras Antropologias demarcou o reencontro presencial das membras do Coletivo, contando com a presença de convidadas que foram marcantes na fundação e no crescimento do Coletivo e de seus projetos. Assim, como uma contribuição mais do que necessária à antropologia brasileira, à antropologia feita no Distrito Federal e alhures, aos estudos etnorraciais, aos debates sobre produção de conhecimento na contemporaneidade e sobre as posicionalidades des des pesquisadores antropólogues em nosso tempo histórico, o livro *Negras Antropologias* é uma composição desses cenários, conceitos, teorias e práticas.

Com objetivo de emanar as múltiplas facetas do universo das negras antropologias, encontraremos nesta coletânea o resultado, em formato escrito, dos trabalhos de jovens antropólogues, em várias fases de formação na pós-graduação em antropologia, suas reflexões, atuações e contribuições para esse campo de estudos. O livro *Negras Antropologias*, portanto, é uma compilação de cinco momentos do evento VI Negras Antropologias: a Conferência de Abertura, a Mesa-redonda "Experiências em campo", a Mesa-redonda "Cotas epistêmicas, desafios e diálogos teóricos", a Mesa-redonda "Seguindo os passos de Lélia e Zora" e a Conferência de Encerramento.

Sobre o Coletivo Zora, o VI Negras Antropologias e os caminhos de produção desta coletânea

O Coletivo Zora nasceu em 2017, sendo composto por estudantes negras e negros do PPGAS/UnB. Desde então, o Coletivo tem atuado permanentemente para defender e ampliar as políticas afirmativas, se construindo também como espaço de produção de conhecimento antirracista e pluriepistêmico (Chagas *et al.*, 2023). O VI Negras Antropologias, intitulado "Onda negra, medo branco: tecendo caminhos e enfrentamentos futuros", evento que dá nome a este livro, ocorreu entre os dias 16 e 18 de novembro de 2022, no Instituto de Ciências Sociais (ICS), na Universidade de Brasília (UnB).[1]

Dado o impacto positivo e o grande engajamento do debate público gerado no VI Negras Antropologias, recebemos o convite do então coordenador do Programa de Pós-Graduação em Antropologia Social da Universidade de Brasília (PPGAS/UnB), Guilherme José da Silva e Sá, para transformar o evento em uma mídia que possibilitasse sua sistematização e uma maior difusão, e que se configurasse como registro histórico de um compromisso de mudança e avanço no modo de circulação do conhecimento no Departamento de Antropologia da UnB (DAN). Assim, surgiu a necessidade de materializar em mais um meio comunicativo, sob a organização de membros do Coletivo Zora, mais especificamente por nós cinco, antropólogas negras, de origens geográficas distintas, de formações e trajetórias singulares, que pesquisam temáticas diversas, mas que se encontram, sobretudo, no objetivo e no engajamento em pautar as referidas mudanças e avanços. Imediatamente, entramos em contato com es convidades das conferências e mesas, e todes, sem exceção, gentilmente aceitaram participar deste projeto como autores.

O livro *Negras Antropologias* conta com dez capítulos, que se configuram como textos-falas, isto é, com a primazia da oralidade. Os assuntos tratados nos artigos são abordados de um modo escrito, mas resguardando as características orais de cada autora, seguindo um fio condutor, qual seja, a temática do tecer caminhos e enfrentamentos futuros. A partir dos textos aqui publicados,

---

[1] O evento, realizado ao longo de três dias, foi promovido e organizado pelo Coletivo Zora, contando com apoio do DAN e do PPGAS/UnB. Além disso, o evento também obteve patrocínio do Instituto de Inclusão no Ensino Superior e na Pesquisa (INCTI). O evento, realizado em formato híbrido, teve em sua programação uma oficina de fotografia, exposição fotográfica, conferência de abertura, três mesas-redondas, conferência de encerramento e lançamento de livro.

apresentamos um apanhado da produção antropológica elaborada a partir das epistemologias desenvolvidas por pesquisadores--etnógrafes negres.

A onda negra presente nas universidades conclama a necessidade de produzir conhecimento para além das teorias hegemônicas arraigadas pela branquitude, a qual marginalizou sistematicamente os saberes científicos formulados por corpos negros na academia. Nesse cenário foi formulado o evento Negras Antropologias, e, agora, é concebido este livro. O objetivo desta publicação é contribuir para a formação de pesquisadores engajades com a ampliação do debate racial no campo acadêmico, a partir da leitura dos artigos que apresentam novas perspectivas para pensar a racialidade como categoria central no fazer antropológico.

Sobre os artigos desta coletânea

O artigo de Ari Lima, intitulado "Movimentos negros, crítica racial e transformação", traz um apanhado detalhado do contexto histórico iniciático da discussão e da implementação de cotas sociais na pós-graduação, e em especial no Programa de Pós--Graduação em Antropologia Social da Universidade de Brasília. Esse momento está intimamente entrelaçado com sua trajetória pessoal e profissional na Antropologia, por ter sido o primeiro doutorando negro admitido no PPGAS/UnB e ser compelido a lidar com os estigmas existentes sobre os corpos negros ocuparem esse espaço acadêmico. Ari Lima toca em temas de importância fundamental na atualidade para a produção de conhecimento, como a posicionalidade em campo e na escrita, a transdisciplinaridade e o processo de orientação. O autor joga luz às tensões produtivas e aos desafios que orbitam esses temas, a partir das relações que são feitas, desfeitas e refeitas ou não ao longo dessas trocas. Destaca também a quais caminhos investigativos e metodológicos tem se aliado na construção do seu universo mais recente de pesquisa no candomblé, no campo de estudo das religiões afro-brasileiras. Nesse ponto, debate as ambivalências presentes entre o acesso e trânsito do conhecimento no candomblé *versus* na pesquisa antropológica, a pedagogia do caboclo e o modo de conhecer do pesquisador iniciado.

No artigo "A voz que grita, clama e chora: em campo com meu tumor (se é que ele era mesmo meu)", Gabriela Costa traz a necessária reflexão sobre a relação entre campo-corpo-teoria no fazer das ciências sociais. Ao refletir sobre a sua experiência de pesquisa fazendo campo em Bogotá, na Colômbia, a autora analisa como as experiências de pesquisa acerca de existências negras, realizadas por pesquisadoras negras, é atravessada pela normatização eurocêntrica do fazer pesquisa. Seu interesse, a princípio, era investigar pertencimento e raça, mas ao lidar com seu próprio adoecimento em campo, Gabriela Costa nos leva por uma profunda reflexão sobre o lugar do corpo, as dimensões subjetivas e afetivas do fazer antropológico e sociológico, que também definem os limites da pesquisa.

Ismael Silva, com seu artigo "Campo, corpo e clicks", em diálogo com os artigos anteriores, discute como o espaço acadêmico e o modo como se faz a pesquisa acadêmica ainda se dá violentamente. O autor provoca ao chamar atenção para o quanto a existência de corpos negros parece sempre estar atrelada a violência. A partir da sua pesquisa, situada por ele mesmo como uma "antropologia de arquivo", Ismael Silva analisa a produção imagética acerca do povo negro entre os séculos XIX e XX, profundamente atrelada a ideias eugenistas, para pensar o próprio lugar que ocupa enquanto antropólogo e fotógrafo negro. Seu convite é para pensar os interditos raciais que o colocam no lugar de "quase antropólogo", com uma produção "quase relevante".

No artigo "'É impressão minha ou todo mundo fica te encarando onde você passa?': o corpo do antropólogo em um campo na capital cabo-verdiana", Vinícius Venancio apresenta uma reflexão acerca das suas experiências vividas durante o trabalho de campo para a pesquisa de doutorado, realizada na Cidade da Praia, capital de Cabo Verde. O autor narra que, ao transitar pela cidade, sempre sentia os olhares das pessoas que ali viviam, que o observavam de maneira profunda e bastante curiosa, o que, depois de um tempo, compreendeu que era uma tentativa de identificar sua nacionalidade e sua posição racial naquela sociedade. A questão racial foi um elemento central que mobilizou suas relações e sua circulação em campo. Para além da raça, o autor conta como sua sexualidade teve que ser mascarada para evitar tensões no campo, mas ainda assim não o livrou de sofrer um episódio de violência sexual. A partir disso, questiona a ausência de discussões nas disciplinas antropológicas sobre os modos como os corpos dos pesquisadores podem impactar diretamente suas pesquisas e, principalmente, durante o trabalho de campo. Vinícius Venancio defende a necessidade de se pautar as diferentes realidades vividas por pesquisadores negros no fazer antropológico, para evitar que esses corpos que foram sistematicamente marginalizados continuem sendo violentados em campo.

O artigo "'Vou continuar sonhando!' Notas etnográficas de públicos de um Centro Cultural em Teresina (PI)" é um estudo etnográfico que se concentra na mediação artístico-cultural de um centro cultural público chamado Teatro do Boi, localizado em Teresina (PI). Nele, Nayra Sousa destaca a relevância pessoal desse tema, já que sua família tem uma conexão estreita com as práticas artístico-culturais, especialmente o circo. Ao identificar seis diferentes grupos que frequentam o Teatro do Boi, a autora enfatiza a necessidade de conhecer os públicos e suas demandas para formar públicos de cultura de forma cidadã, ressaltando que a pluralidade e a inclusão são essenciais para construir uma democracia cultural.

O artigo de Juliana Chagas, intitulado "Olá, Lélia, olá, Zora: um convite para falar como seguimos seus [com]passos", apresenta a trajetória pessoal e profissional da autora, a partir do seu processo de engajamento com a Antropologia. Trata-se de um relato sobre espacialidades e temporalidades plurais, no qual a autora faz um convite a uma conversa casual dirigida a Lélia Gonzalez e a Zora Hurston. A autora demonstra como as suas experiências localizadas por sua racialidade de mulher negra, sua regionalidade nordestina, seus estudos realizados em um programa associado entre uma universidade localizada na capital e outra no interior do Ceará (Universidade Federal do Ceará e Universidade da Integração Internacional da Lusofonia Afro-Brasileira, respectivamente), suas interlocuções em campo e a realização de pesquisa de campo presencial durante a pandemia moldaram aproximações, afastamentos, retomadas e transformações nos seus temas e interesses de pesquisa. Tensiona, então, a importância de debatermos sobre as noções de centro-periferia, regional-nacional, traduções linguísticas e difusão de epistemologias plurais, chamando atenção para os trânsitos, os quais são elementos constitutivos da produção de conhecimento antropológico.

No artigo "Isso não é uma autoetnografia!", Ana Clara Damásio apresenta uma fala-manifesto sobre o processo editorial ao tentar publicar os textos produzidos a partir da sua pesquisa etnográfica junto a suas parentes-interlocutoras realizada em Canto do Buriti (PI). Mesmo apresentando o seu trabalho como uma etnografia, com a utilização de técnicas metodológicas específicas, sua pesquisa era frequentemente inscrita no campo da autoetnografia pelos pareceristas de revistas acadêmicas de antropologia. A autora debate, então, como a sua posicionalidade explícita no texto, enquanto mulher negra de pele clara, filha de proletários e migrantes nordestinos, pode ter sido utilizada para questionar sua objetividade e, até mesmo, sua capacidade de produzir uma etnografia ao pesquisar suas parentes próximas. A partir da inscrição forçada no campo da autoetnografia pelos seus pares, Ana Clara Damásio nos aponta a simbolização da relação de poder existente em uma elite intelectual branca na antropologia. Estabelece-se, assim, quais corpos serão inscritos em determinados campos na produção antropológica, a fim de demarcar quem são aqueles que produzem o conhecimento científico considerado válido. A autora ainda propõe uma etnografia da aproximação, como um modo do fazer antropológico que contemple as novas epistemologias produzidas pelas antropólogas negras, indígenas, ciganas e quilombolas que estão chegando na academia.

Aline Miranda, no artigo "Cotas epistêmicas e os desafios de uma escrita descolonizadora na antropologia", debate os efeitos no modo de escrever provocados pelo nosso contato, [re]conhecimento e [re]apropriação das epistemologias negras na produção de conhecimento. A autora debate como as cotas epistêmicas desempenham um papel fundamental na alteração dos paradigmas da escrita acadêmica, atuando na produção de uma escrita descolonizadora. Desse modo, a inclusão nas ementas dos cursos e o amplo conhecimento de autores provenientes de lugares sociais não hegemônicos, suas obras e suas trajetórias, são fonte de conhecimento e reflexão para a mudança nas formas de representação do Outro, mas também de si. Respondendo, assim, aos modos de apreender e de comunicar, às inspirações e às aspirações que precisam ser pautadas igualitariamente para a transformação efetiva do panorama pedagógico-científico, por sua vez político e social, da antropologia, em especial da antropologia brasileira, com a participação e compromisso de ambos, discentes e docentes.

Fruto de sua pesquisa com estudantes negros da UnB, o artigo "Cotas epistêmicas: política de ação afirmativa e de promoção da saúde mental universitária", de João Paulo Siqueira, articula o debate entre sofrimento psíquico no ambiente universitário e o caráter monoepistêmico das matrizes epistemológicas correntes. Para o autor, a despeito da histórica inserção de estudantes negros na universidade, as ações afirmativas incidiram de forma tímida na produção de conhecimento e nas relações institucionais. Em face disso, é pela ação do próprio corpo estudantil que as fissuras, reconstruções e novas estratégias de permanência universitária são realizadas; estratégias essas que vão da inserção de matrizes epistemológicas negras, indígenas e quilombolas nos debates a ações como as do ReVira (Ressignificando Vivências Raciais), iniciativa voluntária de atendimento psicológico feita por psicólogos negros. João Paulo Siqueira argumenta que as cotas epistêmicas — ou seja, a conexão entre ações afirmativas e transformações no tripé da universidade — são uma responsabilidade de todo o corpo universitário, e tendem, para além de amarrar a política de

Estado com sua concreta implementação, a modificar o cenário de sofrimento psíquico de estudantes, que ingressam na UnB e se deparam com uma ambiência alheia aos seus corpos, experiências e cotidiano.

Sob o título "'Esse aí é sem futuro': processos de sujeição criminal de adolescentes em conflito com a lei", Flávia Cabral nos apresenta a sua agenda de pesquisa, que trata de adolescentes acusados pela prática de atos infracionais. A ambiência empírica da autora é o Distrito Federal (DF), especificamente, a Vara Regional de Atos Infracionais da Infância e Juventude. A partir desse cenário, relata como raça, classe, gênero e o contexto familiar são aspectos que calibram tanto a ação dos juízes quanto a operacionalização do corpo judiciário e da sociedade, face aos jovens que cometem atos infracionais. Os estados de vigilância e prevenção social (defesa da sociedade), nesse sentido, são permanentes, e utilizados discursivamente no controle social e na interdição da circulação e dos direitos desses adolescentes, embora desde a década de 1990 possuam o Estatuto da Criança e do Adolescente (ECA) como normativa que os aloca na alçada da cidadania. Para substanciar o debate, questiona a ausência da variável cor (registros étnico-raciais) nas estatísticas referentes ao sistema socioeducativo do DF, e, amparada nos estudos sobre segurança pública e relações raciais, junto aos dados das regiões administrativas que analisa, observa que esses territórios possuem elevada presença negra, que afirma o caráter racial do controle e da sujeição criminal por parte do Estado. As contribuições da autora se somam, nesse sentido, ao crescente campo de estudos da violência e às formas de presença estatal nas vidas dos jovens negros periféricos, que carregam no seu cerne a relevância epistemológica das relações raciais críticas no Brasil.

Rosana Castro escreve "Uma carta para bell hooks: reflexões de uma jovem docente negra", a qual se materializa como uma inquietante reflexão de uma jovem doutora e docente negra que atua em uma universidade no Rio de Janeiro, Brasil. A autora compartilha sua atuação como professora em diferentes contextos académicos e como enfrenta os desafios da profissão, ao passo que expressa sua intensa conexão com o pensamento da professora bell hooks, especialmente em relação a livros que abordam educação, pedagogia e justiça social. Rosa Castro menciona obras como *Ensinando a transgredir* e *Ensinando pensamento crítico*, encontrando-se envolvida e abraçada pelas experiências compartilhadas por hooks. O artigo se assemelha a uma linda correspondência pessoal, no qual compartilha como o trabalho de bell hooks influenciou suas reflexões e a forma como lida com situações, experiências e desafios em sua prática docente.

Sobre contingências: uma antropologia em constante transformação

A partir da imersão neste material, do texto que engata o livro ao texto poente, o público irá se deparar com uma antropologia tecida na multiplicidade e que caminha na contramão dos programas de curso ainda engessados e dos debates que insistem em interditar a expansão do novo. Nesse sentido, como essa pílula introdutória pode nos indicar, e diante do circuito de temas e agendas aqui registrados, o vínculo entre a experiência e a expressão é notável como caractere que refina e corporifica a produção intelectual na antropologia. A partir dele, é possível observar as maneiras como as antropólogas-escritoras negras carregam elementos que, embora localizem, não fixam as suas produções, e como essas habilidades possibilitam à antropologia contar com olhares diversos, de sujeitas em trânsito pelos variados temas da disciplina.

Nós, enquanto organizadoras dessa obra, acreditamos que ela se destina a pesquisadores em geral, mas sobretudo cientistas sociais, antropólogues que reconhecem ou estão em processo de reconhecer a centralidade das questões de gênero, classe, territorialidade e raça na produção do conhecimento, nas suas práticas de pesquisa e no seu exercício da docência. Este livro é para quem acredita que precisamos investir em um modo de se fazer ciência de forma pluriepistêmica, rompendo com os paradigmas eurocêntricos, que nutrem o epistemicídio com cânones exclusivamente brancos e ocidentais.

A partir disso, é possível antever como o presente livro conversa historicamente com uma antropologia que está em constante transformação. Onde sujeitos historicamente pesquisados agora são pesquisadores. Onde comunidades inteiras falam juntas, pois nunca falamos sozinhos. Onde apontamos também para um novo devir na antropologia e para além dela. Esse é o Negras Antropologias!

Ana Clara Damásio

Flávia Cabral

Jordhanna Cavalcante

Juliana Chagas

Lidomar Nepomuceno

Referências

CHAGAS, J. S.; DOS SANTOS, A. C. S. D.; CABRAL, F. de F.; SOUSA, J. L. N. de; VENANCIO, V. "Onda negra, medo branco": O Coletivo Zora (PPGAS/UnB), suas histórias, lutas e perspectivas. **Cadernos de Campo [São Paulo, 1991],** v. 31, n. 2, p. e203402, 2022. DOI: 10.11606/issn.2316-9133. v31i2pe203402. Disponível em: https://www.revistas.usp.br/cadernos-decampo/article/view/203402. Acesso em: 25 jul. 2023.

MOVIMENTOS NEGROS, CRÍTICA RACIAL E TRANSFORMAÇÃO

Ari Lima

> *Bom dia a todas e todos. Gostaria antes de tudo de agradecer e pedir a benção a todos aqueles bakulos e mais velhos que, ao me antecederem, ofereceram seus corpos, suas vidas, seus pensamentos como alimento do caminho que seria meu domínio traçar. Do mesmo modo, agradeço e peço a benção aos meus iguais que vêm acompanhando e iluminando este caminho, assim como aos meus mais novos que têm tido a coragem de caminhar comigo, quando então me escutam e ao mesmo tempo me fazem escutar e auscultar seus corações e mentes.*

Primeiramente, eu gostaria de confessar a minha grata surpresa pelo convite para proferir a conferência de abertura deste VI Negras Antropologias. "Onda negra, medo branco": tecendo caminhos e enfrentamentos futuros. Eu sei que tal convite é uma decorrência do "medo branco" que resultou na tentativa de exclusão e apagamento da minha presença como doutorando, em 1998, do Programa de Pós-Graduação em Antropologia Social (PPGAS) do Departamento de Antropologia (DAN) da emérita Universidade de Brasília (UnB). Ninguém poderia imaginar, muito menos eu, que a tentativa de me expelir do PPGAS, do DAN e da UnB se desdobraria na implantação do primeiro programa de reservas de vagas para negros e indígenas entre as universidades públicas federais em 2004. Naquela época, em 1998, diversas vezes me perguntaram nos corredores da UnB de onde eu vinha. Eu ingenuamente respondia que eu vinha da Bahia, sem me dar conta de que tal pergunta não era uma afirmação e celebração da presença de uma imprevisível brasilidade na UnB, suscitava deliberadamente a dúvida sobre minha nacionalidade brasileira. Assim como questionava e desprezava o percurso socio-histórico que fiz para ocupar uma vaga em uma universidade pública prestigiada, instalada na capital da república. Foi um tempo em que, entre os raros estudantes negros que circulavam pelos corredores da UnB, um contingente expressivo, talvez majoritário, tratava-se de estudantes estrangeiros beneficiados por tratados internacionais assinados entre o Brasil e diversos países africanos. Eu também não me dei conta inicialmente do impacto dos vários estigmas que carregava em meu corpo: eu era o primeiro doutorando negro, gay, baiano e tinha formação anterior em uma área afim à Antropologia Social.

Aliás, àquela altura do meu itinerário pessoal e acadêmico, acusado e abusado por conta de todos esses estigmas, localizava-me social e historicamente em relação a cada um deles, porém, ao mesmo tempo, deslocava-me de todos como posições identitárias de autoenunciação cristalizadas (Hall, 1996). Não por acaso, muitos tiveram dificuldade em entender o que de fato acontecera comigo ou quem fora denunciado no PPGAS da UnB: "É baiano!"; "É negro!"; "É homossexual!"; "Não é antropólogo!".

Acredito ainda que a própria história de formação e consolidação do DAN e do seu PPGAS justifica a ocorrência e os desdobramentos do "Caso Ari". A propósito, Edgar S. G. Mendoza (1994) argumenta que o DAN e o PPGAS são resultados de uma "tradição antropológica" particular. Mendoza lembra que, até os anos 1960, a Universidade de São Paulo (USP) era a única a possuir no Brasil um doutorado em Antropologia. Dessa forma, lideranças acadêmico-científicas na Antropologia do Brasil eram formadas na USP ou no exterior. Foi o caso dos fundadores da Antropologia da UnB. Entre eles, Eduardo Galvão (1921–1976) doutorou-se em Columbia, EUA em 1953; Roberto Cardoso de Oliveira (1928–2006) doutorou-se na USP em 1966; Júlio Cezar Melatti doutorou-se na USP em 1970; Roque de Barros Laraia doutorou-se na USP em 1972; Alcida Rita Ramos doutorou-se em Wisconsin, EUA em 1972; K. W. (Klaas Woortmann) doutorou-se em Harvard, EUA em 1975. Todos eles, com exceção de K. W., são especialistas em etnologia indígena.

NEGRAS ANTROPOLOGIAS. ONDA NEGRA, MEDO BRANCO:
TECENDO CAMINHOS E ENFRENTAMENTOS FUTUROS

Segundo Mendoza (1994), nos anos 1980, foi contratada uma segunda geração de doutores antropólogos para o DAN da UnB, oito no total. Destes, cinco foram alunos do DAN ou do antigo Departamento de Ciências Sociais ao qual estiveram vinculados os fundadores do DAN e do PPGAS. Entre os oito contratados, apenas dois deles, José Jorge de Carvalho e Rita Laura Segato, eram dedicados aos estudos afro-brasileiros e relações raciais. Nos últimos anos, acredito que a maioria absoluta dos contratados são também ex-alunos do DAN/PPGAS. E, embora o PPGAS tenha um corpo docente que trabalha com uma larga variedade temática, a etnologia indígena, como foi no momento de sua fundação, permanece sendo uma marca bastante expressiva entre seus professores/pesquisadores. Por outro lado, os dois únicos professores/pesquisadores que introduziram os estudos afro-brasileiros e de relações raciais no DAN e no PPGAS nos anos 1980 permaneceram como os únicos especialistas em tais temáticas vinte anos após suas contratações. Ou seja, ao contrário do que afirma Mendoza (1994), o DAN e o PPGAS sempre foram e continuam sendo fundamentalmente endógenos. Desse modo, acredito que a tensão, a rejeição, o desprezo, o medo em relação ao significado do rompimento de um círculo vicioso desde o "Caso Ari" estão conectados à tensão, à rejeição, ao desprezo e ao medo provocados pela atuação profissional e pelo trabalho acadêmico-científico de Rita Laura Segato e José Jorge de Carvalho, esse último, aliás, meu ex-orientador de doutorado.

Enfim, a "tradição antropológica" do DAN e do PPGAS se sustentou e se sustenta em "ancestrais, totens, heróis mitológicos, fundadores, predecessores e pioneiros" da etnologia indígena (Mendoza, 1994). É o "reflexo de uma sociedade" em que o estudo e a pesquisa acadêmico-científica elegeram indígenas e negros como alteridades radicais mantendo-os, até outro dia, praticamente ausentes da sala de aula e do seu corpo docente. Ecoa ainda o projeto acadêmico-científico dos fundadores da mais antiga tradição antropológica brasileira, a uspiana, acusada por Lévi-Strauss (1996), por Peirano (1981) e Fernandes (*apud* Peirano, 1981) de ser marcada pela reprodução de um elitismo de classe, alta e média, e pela reprodução sugerida, mas silenciada por esses mesmos autores, de um elitismo racial, radical e branco. Paralelo a esse quadro, o rigor acadêmico, o diálogo com tradições antropológicas e pesquisadores estrangeiros, a variedade de temas pesquisados apresentam, como nos indica Mendoza (1994), o DAN e o PPGAS como uma "aldeia" aparentemente aberta, democrática, politicamente equilibrada, porém, de fato, constituída como um campo de batalha, um campo minado.

A grata surpresa à qual me referi inicialmente ocorreu também pelo fato de que, vinte e quatro anos após o "Caso Ari", muitos outros sujeitos têm protagonizado o espaço político e acadêmico no que diz respeito a esse episódio histórico e seu desdobramento como política de ações afirmativas para negros e indígenas. De fato, eu próprio não tive interesse em me debruçar sobre tais questões de modo sistemático. Sempre tive interesse por coisas, por temáticas muito variadas, inclusive aquelas que pareciam ser apenas coisas de branco, tal qual a Antropologia Social. Além disso, desde o início de tudo, lá pelos idos de 1998, eu entendi que o ocorrido me transcendia como indivíduo, logo não faria sentido reivindicar protagonismo e continuada evidência do meu nome e da minha presença ao longo do tempo.

Um pesquisador posicionado

Eu acredito que estive sempre certo. Sem que me desse conta, estava encontrando o caminho, percorrendo estradas que me ajudariam a propor respostas e provocações para o tema deste VI Negras Antropologias "Onda negra, medo branco": tecendo caminhos e enfrentamentos futuros. Nesse sentido, a Antropologia que faço, a metodologia que aplico são, portanto, posicionadas pela minha condição racial negra, pelos vínculos iniciáticos com o candomblé, assim como por minha orientação sexual homossexual, quase sempre ausentes, não nomeados ou não vislumbrados, ao contrário da condição racial branca e heterossexual, nos estudos sobre o negro e as relações raciais. De fato, ao posicionar-me não acredito que necessariamente facilite minha inserção no campo de pesquisa, a conversa com os interlocutores ou, posicionado, obrigatoriamente esteja instrumentalizado para elevar o grau de profundidade etnográfica do meu trabalho. Por outro lado, não acredito que isso prejudique minha inserção etnográfica ou a torne mais parcial que todas aquelas que tradicionalmente têm sido realizadas nos estudos sobre o negro e as relações raciais no Brasil. Tal decisão e a tradição de estudos que tenho suportado no campo têm me colocado diante de outros problemas, obrigam-me a refletir e problematizar decisões e silêncios que pareceram sempre óbvios e autoexplicativos.

Ou seja, se na tradição do pensamento sobre a questão racial no Brasil é difícil nomear um momento em que o negro escapou da condição de objeto de pesquisa, uma vez que estava ainda mais próximo da "herança da escravidão" (Fernandes, 1978), contemporaneamente é ainda com grande dificuldade que ele migra da sua posição original de objeto de reflexão e constrói, com todos os riscos possíveis, um saber autorreflexivo sobre o significado da sua diferença num contexto de relações sociais assimétricas, reguladas pelo preconceito de cor e pela discriminação racial. Nesse caso, a Bahia, onde segundo dados oficiais cerca de 80% da população é formada por negros, onde se fundaram os estudos sobre o negro, é exemplar. Daí que a Antropologia posicionada que realizo traz em seu método ferramentas que a linguagem do meu corpo, minha consciência negra, candomblecista e homossexual objetiva e faz suscitar na prática de observar, descrever e analisar dados etnográficos. Por um lado, é um método, como qualquer outro método de pesquisa. Por outro lado, exige-me revelar a realidade sociocultural alheia, mas também agencia afrodescendência, ancestralidade e sexualidade homossexual, ou seja, inscreve o gesto da herança da condição de ex-escravo (Fernandes, 1978), mas também da insurgência negra e homossexual.

De tal modo, ao contrário dos autores clássicos aos quais sempre recorro, sempre soube que minha fala sobre o Outro era também uma fala sobre mim e sobre meu ângulo de observação, que a decisão em "entrar" no campo como pesquisador/autor posicionado não impedia que essa posição fosse questionada ou reconstruída pelos meus interlocutores não apenas porque a dúvida e o dialogismo dizem respeito também ao pesquisado, mas também porque, a rigor, não existiu até então lugar no imaginário social brasileiro e, pior, baiano, para o pesquisador/autor na posição que me coloco. O/a pesquisador/a negro/a, hetero ou homossexual, que se institui no contexto etnográfico brasileiro, percebe-se num campo movediço onde pode ter amplificada a estranheza do Outro em relação ao seu trabalho de pesquisador, assim como vai ser forçado a se deslocar em relação a um treino teórico-metodológico que subtrai sua condição racial e "status atribuído e adquirido" (Azevedo, 1996) que sobrecarregam de sentido sua atuação no campo de pesquisa.

Considerando, portanto, o aporte teórico, metodológico e a linguagem de autores que contesto assim como o aporte teórico, metodológico e a linguagem de autores aos quais me filio criticamente, resta ainda perguntar: o que falo? De quem falo? Ou quem fala por mim no meu trabalho de pesquisador? Minha narrativa, acredito agora, atende aos apelos de uma "experiência" negra que tem se inscrito em meu corpo isolável, mas também é comungada com meus interlocutores, amalgama-se à minha consciência histórica e conduz meu pensamento e minha crítica racial. Ela me comunica, diz respeito a sentidos periféricos e/ou preferenciais, estabelece-se como continuidade, mas também como ruptura radical entre a minha fala aqui inscrita e práticas sociais observadas e participadas. Ou seja, compreendi e aceitei minha configuração no campo como linguagem. Desse modo, passei a ser visto, notado e incorporado no contexto de pesquisa. Desde então, não me senti exatamente correspondido, mas foi o sinal para que a interlocução se intensificasse. Quer dizer, do estranhamento recíproco, não codificado, cheguei a uma solução possível agregando ao meu corpo posturas e signos ostensivos, legíveis, assimiláveis no campo.

Pensamento negro transdisciplinar

Ainda no que diz respeito à minha atuação como negro intelectual (Santos, 2007), é importante lembrar que minha atuação como professor e orientador de pesquisa nas graduações de Letras Vernáculas e História, em seguida como professor e orientador de pós-graduandos egressos das áreas de Letras, História, Pedagogia, Museologia, Sociologia, Comunicação Social ou Saúde Coletiva no Programa de Pós-Graduação em Crítica Cultural (Pós-Crítica) da Universidade do Estado da Bahia (UNEB) tem se dado por meio da condição de antropólogo bissexto que propõe um viés de reflexão e pesquisa interdisciplinar. Nesse sentido, tenho feito um esforço de coerência e diálogo em relação ao campo disciplinar — a Antropologia Social — que determinou minha inserção no quadro de professores da UNEB e do Pós-Crítica, assim como em relação à reflexão sobre relações raciais e culturas negras, temáticas que definiram minha inserção no campo da Antropologia, e de áreas afins, quais sejam, a Teoria da Literatura e a História.

Por conseguinte, os estudantes de graduação e pós-graduação que orientei até então desenvolveram pesquisas que tematizam as relações raciais e as culturas negras, mas também cultura popular, música, patrimônio imaterial, religião, violência, gênero e sexualidade. Em todas as disciplinas que ministrei nas graduações ou na pós-graduação da UNEB, sempre fui solicitado a apresentar a Antropologia, o contexto social e histórico em que ela foi constituída, suas questões fundamentais e possibilidades de diálogo e contribuição para o debate e investigação científica nas áreas afins já citadas. De tal modo, o debate sobre o conceito de cultura e seus correlatos, assim como o debate sobre os termos em que se constitui diferença e identidade social no mundo moderno, tardiamente moderno e/ou pós-moderno, tem sido fundamental. Considerando as demandas das ementas dos cursos ministrados, do contexto sociocultural e histórico em que atuo, o contexto dos estudantes e a perspectiva crítica do meu trabalho como pesquisador, tenho dado maior ênfase ao debate sobre diferença e identidade étnico-racial, embora tenha dedicado atenção também ao debate sobre patrimônio imaterial, tradição e poéticas orais, religião, música afro-brasileira ou sobre aquilo que vagamente se define como cultura popular. Além disso, tem sido importante a reflexão em sala de aula e com orientandos sobre aspectos meto-dológicos e epistemológicos que dizem respeito ao fazer pesquisa, produzir conhecimento.

Ou seja, no caso dos estudantes de História, o debate sobre a possibilidade de produção de conhecimento, privilegiando o fluxo da experiência no espaço socialmente instituído ou mesmo em uma experiência temporal descontínua, é um contraponto em relação ao modo como se privilegia a produção de conhecimento pelo historiador, bastante orientado pelo recorte temporal preciso, contínuo e validado em fontes documentais. No caso das Letras, a ênfase no modo como o sentido costuma ser ideologicamente estruturado por meio dos conceitos, dos processos de categorização da realidade, das práticas sociais, de um senso estético e valores sociais consensuais, mutáveis no tempo e no espaço é importante de modo a indicar a língua e a linguagem como uma experiência social, cultural e histórica descritível e suscetível à crítica.

Além disso, sem pretender fazer proselitismo e assim converter meus interlocutores estudantes e/ou orientandos a acatarem as minhas escolhas voluntárias ou involuntárias ou o modo como estou inserido na sociedade, na cultura, na história ou no universo acadêmico, tenho procurado chamar atenção ao fato de que o fazer científico é pautado por aquilo que condiciona e sutura o sujeito que o produz. Ou seja, o método, as referências teóricas são obediência a uma série de prescrições disciplinares definidas ao longo do tempo, fundamentadas em experiências e verdades consensuais, mas seu grau de acerto é relativo, uma vez que depende de variáveis que não são universais nem contínuas no tempo e no espaço. Essas variáveis dizem respeito, por exem-plo, às possibilidades de ouvir, ver, sentir, quantificar e qualificar do sujeito de conhecimento, que em um momento foi um crente fervoroso, em outro momento um ateu ou agnóstico e hoje pode ser um crente e um crítico da ciência e da fé. Enfim, um sujeito que defende estatutos de verdade, às vezes incompatíveis, outras vezes complementares. Aliás, tomo, como exemplo, as variáveis fundamentais que constituíram o pensamento acadêmico-científico no Brasil. Nesse caso, predominou um sujeito de conhecimento determinado pela mentalidade colonial, pelo modelo da experiência de inserção social e histórica masculina, heterossexual, cristã, racialmente confinada (Carvalho, 2005–2006).

Os orientandos com os quais tenho trabalhado, em sua maioria, têm refletido sobre temáticas relacionadas ao negro, sobre seu lento e tardio processo de integração à sociedade brasileira moderna, pós-escravocrata e racialmente desigual. Seus estudos reincidem também em temáticas e universos socioculturais importantes para os negros, no que diz respeito à possibilidade de permanência de vínculos ancestrais ou comunitários, ao enfrentamento coletivo da experiência da subordinação e exclusão racial generalizada, à garantia de alguma integridade moral e psíquica em uma realidade tão adversa e violenta. De um modo geral, sempre conduzo meus orientandos no sentido de potencializar as ferramentas teóricas e metodológicas que adquiriram em áreas afins. Do mesmo modo, sugiro o uso das ferramentas teóricas e metodológicas disponibilizadas ao longo do processo de consolidação da Antropologia como ciência social. Dessa forma, eles aguçam suas habilidades para observação, potencializam suas trajetórias pessoais, aguçam a observação do outro, a auto-observação, a crítica da realidade social, assim como a crítica do ponto de vista dos seus respectivos sujeitos de pesquisa.

Isso tem nos permitido avançar, por exemplo, no que diz respeito à melhor compreensão das vicissitudes das comunidades quilombolas na Bahia, multifacetadas na maneira pela qual constituem ou reconstituem memória ancestral e quilombola ou na maneira como se reapropriam de identidade negra ou de símbolos e práticas culturais vicinais como o samba ou o candomblé. Outro aspecto importante tem sido a compreensão das vicissitudes das relações de gênero ou o impacto da modernidade e de processos de modernização em contextos rurais ou semiurbanos. De tal modo, é recorrente o relato de orientandos negros e negras que manifestam a expansão no modo como compreendiam a condição negra dos seus sujeitos de pesquisa e de si mesmos, durante o processo de construção e execução de seus respectivos projetos de pesquisa.

Melhor dizendo, esses trabalhos têm revelado que, embora os excluídos apresentem lapsos de memória, demonstrem várias vezes um desinteresse em guardar lembranças do terror racial, eles também não se esquecem de tudo, justapõem as boas às más lembranças e redimensionam demandas postas de fora para dentro ou de cima para baixo, assim como demandas e experiências elaboradas e transmitidas por gerações anteriores de aliados e algozes. Fazem isso de tal modo que o enfrentamento político e moral, as contrafações à ordem sociocultural e histórica dominante se apresentam frequentemente em narrativas, falas, textos, performances míticas e mistificadas, em temporalidades e espacialidades sobrepostas ou, como diria Leda Martins (1997, p. 146–147), são falas, textos, narrativas, performances acionados como "um estilete da memória curvilínea", quando "a dicção da oralidade e a letra da escritura se entrelaçam, trançando o texto da história e da narrativa mitopoética" de modo que a narrativa histórica aparece repleta de lacunas de memória, não linear, espiralada, contada porque vivenciada. Ou seja, as narrativas, as falas, os textos, as performances inventam tradição (Hobsbawn, 1984), mas também vivenciam tradição e produzem verdade histórica quando evidenciam o valor social daqueles que testemunham e da cadeia de transmissão cultural individual e coletiva da qual fazem parte (Bâ, 1982; Phillips, 2004).

Dessa maneira, os resultados ou conclusões provisórias desses trabalhos apontam para algum impacto, sobre esses excluídos, do discurso dos direitos universais do homem, do discurso do vínculo ao Estado-nação por meio da comunhão de noções básicas de cidadania, de símbolos de identidade de nação e povo brasileiro, do discurso de afirmação de diferença e identidade do ativismo negro. Ao mesmo tempo, apontam para o alcance limitado desses mesmos discursos, uma vez que, idealizados, são transcendidos pelas urgências cotidianas definidas por aquilo que já se perdeu e não é possíve_ recuperar ou por aquilo que é possível salvaguardar na medida da sua funcionalidade e intervenção sobre a realidade negro-africana mítica, mística e supraterritorial. É como se os excluídos se sentissem, em profundidade, desgarrados no espaço e no tempo socio-históricos, porém, por outro lado, continuassem a acreditar em algo transcendente revelado pela própria experiência da tragédia do Estado-nação brasileiro.

Saber tradicional, conhecimento científico e uma nova humanidade negra

Para terminar, gostaria de mencionar como minha autodefinição e atuação como pesquisador posicionado têm orientado meu estudo e pesquisa mais recente sobre o candomblé, uma religião de orientação africana. Desde quando iniciei o estudo e pesquisa sobre relações raciais e culturas negras, há cerca de vinte e cinco anos, decidi que não realizaria pesquisa de campo nem escreveria sobre religiões afro-brasileiras. Isso porque, desde a infância, em maior ou menor grau, estive imerso como praticante no universo religioso afro-brasileiro. Acreditava que o posicionamento, o deslocamento e crítica que o trabalho acadêmico exigia de mim era incompatível com o posicionamento, o deslocamento e crítica que o culto de deuses africanos, afro-brasileiros e caboclos me propunha. Não obstante, ao longo da minha formação como estudioso, pesquisador e, em seguida, professor das relações raciais e culturas negras na Bahia, fui compelido a revisar boa parte da literatura clássica sobre religiões afro-brasileiras e, na medida do possível, acompanhar a produção contemporânea sobre esse tema tão curioso. Desde então, obtive, por meio livros, um razoável conhecimento das práticas religiosas afro-brasileiras, ou melhor, da tradição do Candomblé Ketu — também conhecida como Nagô ou Iorubá —, uma vez que a grande maioria dos pesquisadores se dedica à descrição de rituais e ao estudo da formação dessa tradição a despeito da existência de outras vertentes tais como a Jeje e a Angola. Tal tendência, aliás, foi definida como nagocentrismo (Dantas, 1982) e explica também o interesse ainda mais restrito pelo estudo e compreensão do papel dos caboclos no "sincrético" e "impuro" (Landes, 1967; Carneiro, 1991) Candomblé de Caboclo e Angola, também conhecido como Candomblé Banto.

A partir do ano de 2010, por razões de ordem pessoal, intensifiquei meu interesse religioso pelo candomblé a ponto de ser iniciado na nação[2] Angolão Paquetan Malembá do Nzo kwa Mutá Lombô ye Kaiongo no ano de 2015. Ocorreu então que, contrariando minha expectativa, meu orientador espiritual, sacerdote Mutá Imê, assim como um caboclo que o acompanha, Tupiaçu, repetiram a ideia de que deveria escrever sobre práticas religiosas afro-brasileiras também, desde que trilhasse um caminho de pesquisa, reflexão e questionamento diferente daquele muitas vezes seguido pelos estudos sobre o Candomblé Ketu. Ou seja, eles me deram uma pauta: não deveria incorrer na revelação dos mistérios do candomblé, tornando-o ainda mais desencantado e mundano. Não deveria insistir na descrição de fundamentos.[3] Não deveria permitir que meu reposicionamento, meu deslocamento e crítica acadêmica bloqueassem o retorno à minha "própria natureza", experiência fundamental que o Candomblé Angolão Paquetan Malembá me propôs.

De tal modo, dei-me conta, a partir da observação e da escuta de seguidores do Candomblé Angola baiano, que estes argumentam a

---

[2] Para Vivaldo da Costa Lima, os terreiros de candomblé mantêm, apesar dos mútuos empréstimos ostensivos e das influências perceptíveis no ritual como na linguagem, os padrões mais característicos e distintivos de suas culturas formadoras, como uma espécie de arquétipo da perdida totalidade ontológica original. Esses padrões dominantes são como a linha mestra num processo multilinear de evolução, aceitando ou rejeitando inovações, mas retendo sempre a marca reveladora de sua origem, em meio à integração e à mudança.

[3] Os praticantes do candomblé costumam usar o termo "fundamento" quando se referem a informações relacionadas a determinados rituais, orações, cânticos, oferendas, palavras, modos de fazer que acionem forças ou energias extraordinárias. Idealmente, os fundamentos só devem ser revelados àquelas ou àqueles escolhidos pelos deuses e antepassados depois de terem adquirido maturidade espiritual e vivência no candomblé. Tornam-se, a partir desse momento, guardiões do segredo e continuadores de uma tradição ancestral.

NEGRAS ANTROPOLOGIAS. ONDA NEGRA, MEDO BRANCO:
TECENDO CAMINHOS E ENFRENTAMENTOS FUTUROS

importância de definir e defender as diferentes "águas" ou nações do candomblé baiano, porém cultuam e tomam, muitas vezes, como referência fundamental uma categoria étnico-racial, um sujeito e entidade espiritual que se define e se distingue pela trajetória, pela manifestação e representação sincrética, o caboclo. Esse sujeito social e entidade espiritual, por sua vez, embora sincrético, reivindica sempre marcadores diacríticos em relação ao modo de seu culto e à sua origem, vinculada, sobretudo, à herança do contato e pertencimento a grupos indígenas distintos que desde sempre estiveram presentes em território nacional. Encontramos o culto ao caboclo não apenas na Bahia, como também em vários outros estados brasileiros. Ocorre, entretanto, que, apesar dos tangenciamentos, é variado e inusitado o modo como o caboclo pode ser cultuado, sincretizado e particularizado desde o contexto social, cultural e histórico considerado (Carneiro, 1991; Santos, 1995; Ferreti, 1996; Amim, 2009; Tromboni, 2012; Assunção, 2014). Outro aspecto importante é a referência ao culto do caboclo já nos primeiros autores (Landes, 1967; Pierson, 1971; Ramos, 1988; Rodrigues, 1988; Carneiro, 1991) que observaram e elaboraram na Bahia, no final do século XIX e na primeira metade do século XX, estudos sobre a prática do candomblé, marginal ao catolicismo, considerado, no passado, religião oficial do Estado e do povo brasileiro. Acredito que meu reposicionamento no campo de estudo das religiões afro-brasileiras e a trajetória do caboclo se tangenciam, primeiro, pela situação de transitividade num caso e sincretismo no outro, em seguida, pelo fato de que a minha experiência transitiva e o sincretismo do caboclo, no modo como o compreendo, não pretendem ratificar o amálgama político-ideológico e cultural proposto pelo argumento da mestiçagem (Freyre, 1989). Ao contrário disso, pretendem afirmar a diferença cultural ainda que em seu viés mais discreto (Barth, 1998).

Essa compreensão da pedagogia do candomblé e do caboclo sobre o trânsito do segredo, da informação, do conhecimento e sobre a configuração de identidade, muitas vezes, choca-se com a concepção sobre o trânsito da informação e do conhecimento que o iniciado pesquisador já traz consigo. Ou seja, a "obrigação" de ter acesso o mais rápido possível a qualquer tipo de informação e conhecimento. A "obrigação" de acessar a informação e o conhecimento sem que tenha tempo disponível para vivenciar as experiências relacionadas a cada informação ou conhecimento recebido. A "obrigação", sobretudo de explicar e escrever sobre as coisas, os sujeitos, as situações e nunca de se abrigar naquilo que não é revelado nem é dito. Quer dizer, o pesquisador contumaz das religiões afro-brasileiras repercute o mito da ciência que pretende a "transparência absoluta, a lucidez total, a literalidade, a compartimentação segura, e principalmente: a disposição e a compulsão, mais que a necessidade, de revelar universalmente suas descobertas" (Carvalho, 1989, p. 9).

Há casos, por exemplo, de pesquisadores iniciados ou indicados para iniciação que descrevem e revelam em documentos escritos e publicados aspectos de rituais os quais, normalmente, os iniciados não pesquisadores evitam descrever e comentar publicamente e sobre os quais só escrevem em seus cadernos secretos de fundamento (Assunção, 2014; Araújo, 2016). É o caso, por exemplo, de descrições muito minuciosas e atentas de rituais secretos tal a "comida de cabeça"[4] (Silva, 1995; Rabelo, 2014). Essa atitude causa estranheza no que diz respeito a uma ética consignada com o candomblé, no que diz respeito ao relativo distanciamento exigido ao pesquisador em relação ao seu contexto sacerdotal e também no que diz respeito ao relativo distanciamento do iniciado em relação à sua condição de pesquisador.

Em outras palavras, a meu ver, o pesquisador que tem tal atitude não se torna o Outro iniciado tampouco se aproxima da sua

---

[4] A teologia e o pensamento da tradição do candomblé no Brasil consideram a "cabeça" o principal órgão do ser humano. De tal modo, o processo de iniciação de um novo adepto deve ocorrer por meio de um ritual para a "cabeça" em um sentido abstrato, metafórico e sobre a "cabeça" em sentido concreto, físico. É sobre a "cabeça" que se depositam objetos que simbolizam os segredos ancestrais e é a cabeça dos novos e antigos adeptos que deve guiar o contato com o sagrado e a condução responsável no tempo e no espaço das práticas, do pensamento e da instituição religiosa. Uma "cabeça" enfraquecida, desprotegida, está sempre vulnerável a todo tipo de ameaça espiritual ou a ações e pensamentos que não deveriam lhe corresponder.

experiência como iniciado e continua a atuar como pesquisador em todas as circunstâncias. Do mesmo modo, tal atitude não se justifica nem mesmo quando o pesquisador não "roda no santo",[5] uma vez que mantida, em grande medida, sua consciência dos fatos, ao estar imerso na performance de um ritual secreto, sua condição de sujeito e objeto ritualístico lhe exige um alto grau de concentração. Nas situações em que tem dificuldade pessoal em atingir a concentração indicada, cabe àquele ou àquela liderança que conduz o ritual impedir a apreensão detalhada daquilo que lhe "afeta" ou lhe sucede em uma circunstância específica.

Por fim, vou voltar à afirmação que venho fazendo desde o início quando me defini como um pesquisador transitivo. Confesso que, por diversas vezes, diferente de outras situações em que atuei como pesquisador, não tive e não tenho ansiedade e interesse em anotar ou gravar falas ou informações importantes. Percebi que, não raro, enquanto acesso informação e conhecimento, e, dessa forma, aprofundo minha iniciação no candomblé, meu corpo por inteiro e todos os meus sentidos, todas as possibilidades de aprendizado, conscientes e inconscientes, são invocados. Desse modo, há situações de inconsciência, de semiconsciência e até mesmo de consciência em que a possibilidade do registro escrito ou o uso do gravador significaria a interrupção ou um desvio de um fluxo dos sentidos, da consciência e do inconsciente no processo de iniciação e absorção daquilo que é transmitido pelo que se fala ou não se fala, pelo que se vê ou não se vê, pelo gesto que se faz e por atitudes, circunstancialmente, requisitadas ao corpo. Além disso, em várias situações, para aprender e ser reeducado, sou convocado a atuar, a performar, no mais variado sentido que se possa entender a performance (Drewal, 1992; Zumthor, 2000), o que impossibilita o registro escrito, uma vez que todo o meu corpo, circunstancialmente, dedica-se a uma determinada e

---

[5] "Rodar no santo" é a expressão que o povo de candomblé usa para se referir àquela pessoa que, ao ter um contato com elementos ou energia relacionada ao deus/à deusa ao qual/à qual foi consagrada, perde sua própria consciência e assume parcialmente a personalidade arquetípica desse deus ou dessa deusa.

multifacetada atividade. Sendo assim, em certo sentido, o registro escrito de uma atividade ou performance enquanto a realizo se torna impossível. Do mesmo modo, o registro escrito de uma ou outra após sua realização parece ser possível enquanto excesso etnográfico.[6]

Sendo assim, admito que não tenho sido, rigorosamente, um etnógrafo. Por outro lado, não tenho sido, rigorosamente, um filho de santo. Ou seja, tenho vivenciado experiências sobre as quais não devo falar, não quero falar, não posso falar ou sobre as quais não devo escrever porque a linguagem oral e, sobretudo, a linguagem escrita, acionadas, resultariam em dispersão de um caminho para o autoconhecimento, para o acesso aos mistérios do candomblé, assim como dispersão de um compromisso com uma ética sacerdotal e vital que o sistema religioso do candomblé me exige. Ou seja, há coisas que se veem, que se ouvem, que se fazem que devem ser guardadas e mantidas em segredo. Apesar disso, estou de acordo com Carvalho (1989) quando ele diz que o candomblé não exclui o inquirir racional sobre o mundo, ao contrário disso, traz a revelação do segredo para o interior do mito e da estrutura iniciática, já que "se o segredo existe supostamente para não ser contado, paradoxalmente, a graça está em contá-lo, do contrário ele desaparece" (Carvalho, 1989, p. 19).

Não obstante, mantenho o vínculo com o caminho para o autoconhecimento prometido pela racionalidade acadêmica, mantenho também o interesse pela elaboração de perguntas e busca de respostas para dilemas da realidade social desde casos específicos, tal qual o candomblé ou a condição social do negro, e mantenho o esforço pelo respeito e correspondência à ética característica do trabalho acadêmico-científico. Nesse sentido, acredito que devo, quero e posso falar e escrever sobre problemáticas úteis para o aperfeiçoamento do fazer acadêmico-científico das ciências

---

[6] Ao se referir a "excessos etnográficos", Certeau aponta o papel e o poder da escrita etnográfica em pôr os objetos e identidades em seu devido lugar. Ou seja, a escrita faz história daquilo que se esvanece num corte cultural de alteridade, na oralidade, na inconsciência, na espacialidade ou quadro sincrônico de um sistema sem história.

humanas e sociais, assim como úteis para melhor compreensão das demandas e dilemas característicos da trajetória sociocultural e histórica de africanos e descendentes na sociedade brasileira. Portanto, devo, quero e posso descrever, discutir e produzir teoria e crítica sobre os mecanismos coletivos de trânsito de ideias e, por conseguinte, de afirmação e negação de agência dessa religião e de sujeitos particulares que lhe dizem respeito, qual seja o cabo-clo como categoria étnico-racial, sujeito social e espírito sem lei ou o sujeito que emerge, em um determinado tempo histórico, como negro pesquisador e iniciado no candomblé angola. Sendo assim, acredito que compenso o impedimento circunstancial da minha fala e escrita, acionando em um segundo momento a fala e a escrita como experiências singulares, protegidas pela memória, recuperáveis por atitudes e performances que reaparecem ins-critas em uma nova fala de um novo corpo negro e em um novo texto etnográfico que pretende ser inteligível na academia e no candomblé (Goldman, 2003, p. 460).

Enfim, aqui, confesso estar sob o impacto do "coque", do "toque no juízo" (Carvalho, 2001, p. 141) que o Candomblé Angolão Paquetan Malembá proferiu sobre minha cabeça — meu "mutuê", como se diz em língua quimbunda utilizada no Angolão Paquetan Malembá —, de modo que venha a se abrir um "terceiro olho, uma passagem no meu mutuê para um plano superior da humanidade, da fraternidade, da solidariedade, do conhecimento, da sabedoria e da justiça" social.

Muito obrigado pela escuta!

Referências

AMIM, V. **Águas de Angola em Ilhéus**: um estudo sobre construções identitárias no candomblé do sul da Bahia. 2009. 303 f. Tese (Doutorado em Cultura e Sociedade) – Programa Multidisciplinar de Pós-Graduação em Cultura e Sociedade, Faculdade de Comunicação, Universidade Federal da Bahia, Salvador, 2009.

ARAÚJO, L. A. de. **Oralidade e escrita na diáspora religiosa afro-
-brasileira.** Travessias, rupturas e confluências. 2016. 174 f. Dissertação
(Mestrado em Crítica Cultural) – Programa de Pós-Graduação em Crítica
Cultural, Universidade do Estado da Bahia, Alagoinhas, 2016.

ASSUNÇÃO, L. C. de. A tradição de Acais na Jurema natalense: memória,
identidade, política. **Revista da Pós Ciências Sociais,** São Luís, v. 11, n.
21, p. 143–165, jan./jun. 2014.

AZEVEDO, T. **As elites de cor numa cidade brasileira.** Um estudo de
ascensão social & classes sociais e grupos de prestígio. Salvador: EDU-
FBA/EGBA, 1996.

BÂ, H. A. A tradição viva. *In*: KI-ZERBO, J. **História Geral da África, I.**
Metodologia e pré-história da África. São Paulo: UNESCO, 1982. p. 181-218.

BARTH, F. Grupos étnicos e suas fronteiras. *In*: POUTIGNAT, P.; STREIF-
F-FENART, J. **Teorias da etnicidade.** Tradução de Elcio Fernandes. São
Paulo: UNESP, 1998. p. 185-228.

CARNEIRO, E. **Religiões negras:** negros Bantos. 3. ed. Rio de Janeiro:
Civilização Brasileira, 1991.

CARVALHO, J. J. de. Nietzsche e Xangô: dois mitos do ceticismo e do
desmascaramento. **Série Antropologia,** Brasília, n. 80, p. 1-37, 1989.

CARVALHO, J. J. de. O olhar etnográfico e a voz subalterna. **Horizontes
Antropológicos,** Porto Alegre, n. 15, ano 7, p. 107-147, jul. 2001.

CARVALHO, J. J. O confinamento racial do mundo acadêmico brasileiro. **Revista USP:** Racismo I, São Paulo, n. 68, p. 88-103, dez./jan./fev.
2005–2006.

CERTEAU, M. de. Etnografia. A oralidade ou o espaço do outro: Léry.
In: CERTEAU, M. **A escrita da História.** Tradução de Maria e Lourdes
Menezes. Rio de Janeiro: Forense-Universitária, 1989. p. 188-218.

DANTAS, B. G. **Vovô nagô e papai branco.** Usos e abusos da África no
Brasil. Rio de Janeiro: Graal, 1982.

DREWAL, M. T. **Yoruba ritual**. Performers, play, agency. Bloomington: Indiana University Press, 1992.

FERNANDES, F. **A Integração do negro na sociedade de classes**. 1. e 2. ed. São Paulo: Ática, 1978.

FERRETI, M. Tambor de Mina e Umbanda: o culto aos caboclos no Maranhão. **Jornal do CEUCAB-RS**: O Triangulo Sagrado, Porto Alegre, Ano III, n. 39, 1996.

FREYRE, G. **Casa-grande & senzala**. 27. ed. Rio de Janeiro: Record, 1989.

GOLDMAN, M. Os tambores dos mortos e os tambores dos vivos. Etnografia, antropologia e política em Ilhéus, Bahia. **Revista de Antropologia**, São Paulo, v. 46, n. 2, p. 445-476, 2003.

HALL, S. Identidade Cultural e Diáspora. **Revista do Patrimônio Histórico e Artístico Nacional**, Brasília, n. 24, p. 68-75, 1996.

HOBSBAWN, E. Introdução: A invenção das tradições. *In*: HOBSBAWN, E.; RANGER, T. (ed.). **A invenção das tradições**. Rio de Janeiro: Paz e Terra, 1984. p. 9-23.

LANDES, R. **A Cidade das Mulheres**. Tradução de Maria Lúcia do Eirado Silva. Rio de Janeiro: Civilização Brasileira, 1967.

LÉVI-STRAUSS, C. **Tristes trópicos**. São Paulo: Companhia das Letras, 1996.

LIMA, A.; ALVES, N. L. M. Vozes negras no Candomblé baiano: quando a raça importa e quando a raça não importa. **Nau Literária**, Porto Alegre, v. 9, p. 1-15, 2013.

LIMA, V. da C. Nações-de-Candomblé. ENCONTRO DE NAÇÕES-DE--CANDOMBLÉ, 1981, Salvador. **Anais [...]**. Salvador: Ianamá/Centro de Estudos Afro-Orientais da UFBA/Centro Editorial e Didático da UFBA, 1984. p. 10-26.

MARTINS, L. M. **Afrografias da Memória**. Belo Horizonte: Mazza Edições; São Paulo: Perspectiva, 1997.

MENDONZA, E.S.G. **Uma "aldeia" de antropólogos**: a antropologia em Brasília. 1994. 238 f. Dissertação (Mestrado em Antropologia Social) - Departamento de Antropologia, Universidade de Brasília, 1994.

PEIRANO, M. G. e S. **The Anthropology of Anthropology**: the brazilian case. Tese (Doutorado em Antropologia) – Department of Anthropology de Harvard University, Cambridge, jun. 1981.

PHILLIPS, M. S. What is tradition when it is not 'invented'? A Historiographical Introduction. *In*: PHILLIPS, M. S.; SCHOCHET, G. (ed.). **Question of tradition**. Toronto/Buffalo/London: University of Toronto Press, 2004. p. 3-29.

PIERSON, D. **Brancos e prêtos na Bahia**. Estudo de contacto racial. 2. ed. São Paulo: Editora Nacional, 1971. Col. Brasiliana, n. 241.

RABELO, M. C. M. **Enredos, feituras e modos de cuidado**: dimensões da vida e da convivência no candomblé. Salvador: EDUFBA, 2014.

RAMOS, A. **O negro brasileiro**: etnografia religiosa e psicanálise. 2. ed. Recife: FUNDAJ/Editora Massangana, 1988.

RODRIGUES, R. N. **Os africanos no Brasil**. 7. ed. São Paulo/Brasília: Editora Nacional/Editora da Universidade de Brasília, 1988.

SANTOS, J. T. dos. **O dono da terra**: o caboclo nos candomblés da Bahia. Salvador: Sarah Letras, 1995.

SANTOS, S. A. dos. **Movimentos negros, educação e ações afirmativas**. 2007. 555 f. Tese (Doutorado em Sociologia) – Programa de Pós-Graduação em Sociologia, Departamento de Sociologia, Universidade de Brasília, Brasília, 2007.

SILVA, V. G. da. **Os Orixás da metrópole**. Petrópolis: Vozes, 1995.

TROMBONI, M. A jurema das ramas até o tronco. Ensaio sobre algumas categorias de classificação religiosa. *In*: CARVALHO, M. R. de; CARVALHO, A. M. (org.). **Índios e caboclos**: a história recontada. Salvador: EDUFBA, 2012. p. 95-125.

ZUMTHOR, P. **Performance, recepção e leitura**. Tradução de Jerusa Pires Ferreira e Suely Fenerich. São Paulo: Educ, 2000.

UMA CARTA PARA bell hooks: REFLEXÕES DE UMA JOVEM DOCENTE NEGRA

Rosana Castro

Estimada Prof.ª bell hooks[7],

Meu nome é Rosana Castro e escrevo de um contexto que, acredito, lhe será simultaneamente familiar e estrangeiro[8]. Sou uma jovem professora negra que atua em uma universidade do Sudeste brasileiro, na cidade do Rio de Janeiro, há pouco mais de dois anos. Desde então, venho tentando desenvolver estratégias pedagógicas e institucionais para lidar com os diversos desafios dessa profissão, em uma interface entre a antropologia, minha área de formação e pesquisa, e a saúde coletiva, um campo multidisciplinar compartilhado entre pesquisadoras vinculadas aos campos das ciências sociais e humanas; epidemiologia e planejamento em saúde (Russo; Carrara, 2015). Desde abril de 2021, atuo como professora adjunta do Departamento de Instituições e Políticas de Saúde do Instituto de Medicina Social da Universidade do Estado do Rio de Janeiro (UERJ), e venho sendo mais constantemente convocada a pensar os desafios dessa prática e dessa profissão que, agora, exerço com maior estabilidade.

---

[7] bell hooks atuou como escritora, ativista e professora em diversas universidades dos Estados Unidos, em áreas como Literatura e Letras (Inglês), Estudos Étnicos e Estudos Afro-Americanos. Nasceu em 1952 em Hopskinsville, no estado do Kentucky, nos EUA, e faleceu 15 em dezembro de 2021, aos 69 anos. Ao longo de sua trajetória intelectual e política, escreveu sobre feminismo negro, masculinidades negras, práticas pedagógicas, política, afetividade, escrita e outros temas, tornando-se uma grande referência acadêmica internacional. Para um rico verbete sobre a trajetória biográfica, intelectual e política de bell hooks, ver Almeida (2021).

[8] A fim de preservar o tom missivo do texto, fui intencionalmente econômica nas referências bibliográficas pertinentes às temáticas abordadas na carta.

A experiência atual, entretanto, não é a primeira na qual me defronto com questões relativas a esse trabalho. Anos atrás, trabalhei como professora substituta em duas oportunidades. Em 2014, no meu primeiro ano de doutorado em Antropologia, atuei como professora substituta temporariamente em um curso de graduação em Saúde Coletiva em um dos *campi* da principal universidade pública da capital federal. Depois, já tendo concluído o doutorado, fui novamente substituta na Universidade de Brasília, mas, dessa vez, no Departamento de Antropologia, onde também me formei. Nos últimos anos, em que minha vida se transformou drasticamente e as atividades de docência passaram a ocupar meu tempo de forma integral, pensar sobre os diferentes atravessamentos e desafios desse ofício em minhas diferentes inserções como docente, a partir de situações recorrentes em minha prática, tem me ocupado bastante.

É nesse cotidiano de trabalho docente, tanto temporário quanto permanente, que tenho recorrido de modo intenso ao seu pensamento. Tenho lido e revisitado alguns de seus livros nos últimos anos, especialmente aqueles que estão voltados às reflexões sobre educação, pedagogia e justiça social, como *Ensinando a transgredir* (hooks, [1994] 2017) e *Ensinando pensamento crítico* (hooks, [2010] 2020) e, por meio deles, sou acompanhada e abraçada pelas experiências que compartilhou com tanta perspicácia e generosidade. Por isso, tomo a liberdade — palavra que lhe é tão cara — de lhe destinar esta correspondência. Digo correspondência não apenas a propósito de um recurso linguístico. Enquanto leio o que a senhora escreveu, não é apenas comum que eu tome notas nas margens das páginas, estabelecendo ali um silencioso diálogo com as ideias vibrantes e complexas que compõem cada capítulo. Mais do que isso, não raro me demoro em longas reflexões e devaneios nas quais as cenas que descreve ganham vida e, junto às minhas memórias e dilemas, formam o cenário ou o tema de uma conversa imaginária que estabeleço contigo a respeito de situações e desafios que vivencio em minha própria prática docente.

NEGRAS ANTROPOLOGIAS. ONDA NEGRA, MEDO BRANCO:
TECENDO CAMINHOS E ENFRENTAMENTOS FUTUROS

A leitura de seu trabalho é, portanto, mais que um exercício de imersão ou aprendizagem, que são certamente parte dessa experiência. É também ocasião de um "diálogo imaginado" (Rodrigues, 2020, p. 70), uma troca que, em vista das dádivas recebidas na leitura, coloca-me em posição de necessária retribuição — como tão bem aprendemos na antropologia. Esta carta é, nesse sentido, um registro de uma correspondência simbólica na qual compartilho algumas reflexões críticas que venho acumulando neste ainda curto percurso da docência desde 2014 e reflito sobre como encontro, no diálogo com seu pensamento, algumas chaves importantes para percorrer caminhos transformadores arejados. Mais importante, é ainda a expressão de uma modesta homenagem ao seu grandioso legado e um agradecimento pelos modos com que a senhora me possibilitou novos sentidos para construir negras antropologias — em escritos e pesquisas, e também na sala de aula.

De maneiras diversas, seu trabalho tem permeado todas as minhas aulas — mesmo que não abordemos diretamente seus livros todos os dias em sala. Ainda jovem e com uma jornada de iniciante, as situações, reflexões e caminhos de práticas pedagógicas "anticolonialistas, críticas e feministas" (hooks, 2017, p. 20) que registrou e publicou têm se configurado em uma referência ao mesmo tempo explícita e ubíqua em minhas práticas cotidianas. Nesta carta, espero poder compartilhar com a senhora algumas reverberações de seu trabalho em algumas situações que me parecem fundamentais para pensar novos caminhos para a universidade e para as relações que se travam nesse espaço. Em especial, gostaria de conversar sobre a sala de aula, que, nas dimensões pedagógicas, comunitárias e políticas que a configuram, aparecem em seu pensamento como "o espaço que oferece as possibilidades mais radicais na academia" (hooks, 2017, p. 23).

Mesmo que tenhamos nascido, vivido e trabalhado em contextos bastante distintos, entendo que eu, a senhora e tantas outras docentes negras temos algumas experiências que nos aproximam. Em particular, o modo pelo qual o racismo e o sexismo marcam trajetórias escolares e universitárias de diferentes formas pode ser colocado como um desses aspectos de simultâneo distanciamento e proximidade. No início de *Ensinando a transgredir*, por exemplo, a senhora reflete sobre suas experiências como estudante em escolas racialmente segregadas nos Estados Unidos e sobre como o fim desse período significou, entre outras coisas, a transição de um ambiente escolar estimulante e comprometido com a luta antirracista para outro, marcado pela autoridade branca e resistência à sua hegemonia. Peço licença para destacar um trecho, em que nos conta que "quando entramos em escolas brancas, racistas e dessegregadas, deixamos para trás um mundo onde os professores acreditavam que precisavam de um compromisso político para educar corretamente as crianças negras. De repente, passamos a ter aula com professores brancos cujas lições reforçavam os estereótipos racistas" (hooks, 2017, p. 12). Conta, ainda, que as salas de aula feministas que encontrou na universidade foram fundamentais para sua formação intelectual e política, muito embora tivesse que lidar constantemente com resistências de suas professoras aos pertinentes tensionamentos raciais que emergiam naquele contexto.

No caso brasileiro, não tivemos políticas institucionalizadas de segregação escolar nos mesmos moldes das que ocorreram nos Estados Unidos. Por outro lado, aproximam-se esses dois contextos diante de distintas formas racializadas de composição das salas de aula universitárias, havendo uma grande predominância de docentes brancos em um contexto de franca transformação do espaço universitário, que passa a ser cada vez mais ocupado por estudantes de diferentes pertencimentos étnico-raciais, classes sociais, identidades de gênero e outros atravessamentos corporais, identitários e políticos. Mediante os efeitos de ações afirmativas implementadas por cerca de vinte anos, a academia brasileira vê paulatinamente desafiada sua paisagem antes homogeneamente branca e de classes altas e médias — e, frequentemente, resiste às presenças e repercussões dessa necessária transformação.

Se, como registrou em suas vivências das décadas de 1980 e 1990, as universidades estadunidenses passavam por um intenso debate institucional em termos dos desafios do multiculturalismo, atravessamos, no contexto brasileiro contemporâneo, um complexo processo de disputa da universidade em termos expressamente raciais, intensificado a partir da década de 2000. Sendo assim, adentrar um ambiente universitário majoritariamente branco e com tensões raciais pronunciadas faz parte da trajetória de parte significativa de graduandas e pós-graduandas brasileiras de diferentes gerações. Nesse contexto, do qual compartilho, a persistente escassez de professoras e professores negras/os nas salas de aula que frequentei — com exceções raras, que correspondiam mais a meus esforços para participar de discussões raciais com outras estudantes negras — foi uma marca de minha formação universitária.

Agora e em minhas outras experiências como docente, experimento de modo mais intenso um outro lado desta história. Sou eu mesma uma *presença de exceção* nesse espaço ainda persistentemente branco da docência universitária, experiência certamente comum entre outras e outros docentes negras, negres e negros Brasil afora. Uma colega de profissão que muito admiro, a professora e antropóloga Luena Pereira, enunciou de maneira bastante objetiva essa situação. Segundo ela, reconhecidos os avanços construídos nos processos de consolidação de ações afirmativas em cursos de graduação e pós-graduação em universidades públicas brasileiras, especialmente nos cursos de Ciências Sociais e Humanas, "a ansiada fase de uma diversificação do corpo docente em termos étnico-raciais ainda aguarda o seu momento" (Pereira, 2020, p. 2).

Permita-me mencionar brevemente alguns dados que ajudam a construir um certo panorama da situação brasileira atual com relação a esse cenário. Em um artigo recente, Edimilson Santos, Nilma Lino Gomes, Givânia Silva e Ronaldo Barros desenvolveram reflexões acerca de uma pesquisa que traduz em números estarrecedores o que Luena Pereira diagnosticou. Contam eles que, desde 2014, temos uma lei federal que estabelece uma cota mínima de 20% para a contratação de pessoas negras para os quadros do funcionalismo público, o que incluiria as universidades públicas federais. No entanto, as autoras e autores encontraram o resultado de que, entre 2014 a 2019, "apenas 25 (44,4%) das universidades contrataram docentes oriundos da implementação da Lei nº 12.990/2014 (Brasil, 2014). Ou seja, a maior parte das universidades federais não empreendeu esforços para garantir maior diversidade racial no seu quadro docente. Em cinco anos, 21 (84%) universidades contrataram menos de 10 docentes negros" (Santos *et al.*, 2021, p. 12). Assim, a ausência, em alguns casos, ou escassez de docentes negras, negres e negros nas universidades públicas brasileiras, em outros, configura um persistente esforço para recomposição da universidade nos termos do "patriarcado capitalista da supremacia branca" (hooks, 2017, p. 40).

Adentrar um espaço prestigioso e privilegiado como as universidades, nas quais nós somos poucas na docência, parece-me mais um índice sensível das operações de um insidioso dispositivo de racialidade, como teoriza a filósofa Sueli Carneiro (2005). Como afirma essa autora, o racismo se materializa nos ditos e não ditos, nas infraestruturas e na superestrutura, nas presenças forçosamente reiteradas e nas ausências frequentemente naturalizadas. Assim, a própria paisagem da universidade, racialmente demarcada, é bastante eloquente, não sendo preciso qualquer enunciado verbal para caracterizar o componente racial ali constituído. Obviamente, o racismo não é somente aquilo que se presentifica em seus pontos aberrantes, como os momentos de interação injuriosa ou de agressão física, mas é também materializado nas formas silenciosas e eficientes de composição de lugares e não lugares para sujeitos distintamente racializados.

Pensar nesses termos me leva constantemente à lembrança de uma formulação preciosa que Maya Angelou registrou no livro *Eu sei por que o pássaro canta na gaiola*, numa breve passagem que diz: "Se crescer é doloroso para a garota negra do sul, estar ciente do seu não pertencimento é a ferrugem na navalha que ameaça a garganta. É um insulto desnecessário" (Angelou, 2018, p. 18). Nesse trecho, entendo que Angelou descreve uma definição dolorosamente gráfica da presentificação do racismo como um dispositivo, que se estende para outros contextos, como aquele sobre o qual conversamos aqui. Na universidade, assim como em tantos outros espaços marcados pela branquidade, a afiada lâmina do racismo opera na organização das relações, na composição de sujeitos e formas de assujeitamento e, por vezes, prescinde de mecanismos ostensivos verbais ou físicos para garantir a produção de diferentes formas de morte — muito embora alguns agentes privilegiados desse dispositivo não abram mão dessa violenta e sádica forma de ostentação de poder.

É sob esse registro que tenho pensado sobre o cenário de escassez de pessoas negras na docência universitária. Para além de uma impressão estritamente quantitativa, acredito que nossas experiências podem ser vistas como uma *presença de exceção*. Por vezes, não estamos. Outras vezes, se estamos, somos frequentemente poucos. O que isso implica nas nossas experiências e práticas cotidianas de ensino, tanto na antropologia quanto nas ciências sociais, em distintos espaços de atuação? Que questões emergem nesse contexto nas experiências de sala de aula? Por outro lado, que perspectivas político-pedagógicas podem despontar no fortalecimento da articulação desse espaço às lutas pela transformação da universidade?

Essa *presença de exceção* na universidade foi já denunciada como traiçoeira por diversas professoras negras — tanto nos Estados Unidos, onde a senhora lecionou por mais de vinte anos, quanto por aqui no Brasil. A socióloga Patricia Hill Collins, que esteve na Universidade de Brasília alguns anos atrás, alerta em seus escritos para os perigosos efeitos de reiteração de exceções na docência universitária. Ao se referir ao limitado espaço que ocupam algumas poucas teóricas negras na universidade, ela reflete que "embora seja tentador obter reconhecimento pelas próprias conquistas, minhas experiências como a 'primeira', 'uma das poucas' e a 'única' me mostraram que escolher uns poucos e usá-los para controlar muitos pode ser eficiente para asfixiar grupos subordinados" (Collins, 2019, p. 17).

Na mesma direção, no clássico e provocativo ensaio *The 'pet negro' system*, a antropóloga Zora Hurston pensou sobre certas situações de excepcionalidade, levando em conta os processos em que os sujeitos e instituições que forjam a branquitude produzem e absorvem as *presenças de exceção*, de modo a frequentemente procurar domesticar ou neutralizar seus projetos e potenciais disruptivos. Hurston reflete que "a realidade dos fatos é que [o sistema do pet negro] tece um tipo de tecido básico que tende a estabilizar relações e a oferecer algo a partir do qual se trabalhar em seus ajustes. Ele funciona na prevenção de explosões abruptas" (Hurston, 1943, p. 10). Pensando com essas autoras, a depender de como são agenciadas, as *presenças de exceção* podem ser agenciadas de modo a fortalecer um discurso hegemônico de que, como grupo, não caberia a nós negras, negres e negros ocupar a docência universitária. Nesses casos, cabe atentar para que o pouco espaço que temos não seja capitalizado de modo a apaziguar potenciais transformadores das lutas antirracistas de que somos parte, efeito e semente.

Aqui e ali, tenho lido reflexões semelhantes de jovens docentes negras brasileiras. Em um artigo em que conta suas experiências de participação em concursos públicos para o magistério federal, a professora Alexandra Alencar reflete que: "Embora a representatividade seja um passo importante na luta antirracista [...] é preciso refletir em que termos acontecem essas representatividades e de que forma elas afetam o sistema burocrático, meritocrático e competitivo que se tornaram as universidades públicas brasileiras" (Alencar, 2021, p. 16). Ela se refere a pelo menos duas questões sobre como viemos tentando mudar o cenário da docência em termos antirracistas: a primeira delas diz respeito ao ingresso de docentes negros em conta-gotas, aos poucos e em cenários em que muito possivelmente serão uma *presença de exceção*. A outra diz respeito ao processo que antecede essas efetivações, muitas vezes resultantes de complexos enfrentamentos realizados por coletivos de discentes e professoras e professores que advogam por uma maior participação de docentes negras e indígenas nos departamentos de antropologia. Em seu artigo, por exemplo, ela conta como o racismo institucional que marcou sua reprovação em um concurso se desdobrou internamente em uma movimentação política em meio à qual, alguns anos depois, ocorreu a efetivação da primeira professora negra do Departamento de Antropologia da Universidade Federal de Santa Catarina, no Sul do país (Alencar, 2021).

Diante de todas essas questões, um dos maiores desafios que enxergo nesse contexto de *presença de exceção* é justamente o de lidar com o cotidiano do exercício docente de modo transformador e mobilizador — e foi aí que me encontrei referenciada e abraçada pelos livros que escreveu. Quase no final do livro *Ensinando a transgredir*, a senhora menciona ter experimentado uma perda de fé em diferentes situações da vida universitária e conta a poderosa estratégia que acionou para recuperá-la: "Quando fui além desses sentimentos e concentrei minha atenção na sala de aula, o único lugar da academia onde eu podia ter alguma influência, os sentimentos [de perda de fé] se arrefeceram. Apaixonei-me ainda mais pelo compromisso com a arte de ensinar" (hooks, 2017, p. 270). É justamente nesse espaço, na sala de aula, que tenho me correspondido mais frequentemente com as ideias presentes nos livros que escreveu.

A sala de aula é esse espaço complexo, no qual se encontram as trajetórias diversas de discentes e docentes, conformando um cenário composto pelos heterogêneos processos que materializam os obstáculos cotidianamente atualizados e combatidos na luta por uma universidade justa e acessível. Nos últimos anos, temos acompanhado no Brasil diferentes registros sobre as experiências de pessoas negras e indígenas, bem como outros grupos subalternizados como pessoas com deficiências e LGBTQIAP+, ingressas na universidade pública, tanto na graduação quanto na pós-graduação. É notório o efeito de ações afirmativas e das iniciativas relacionadas à permanência nas trajetórias desses sujeitos (Venturini; Feres Jr., 2020), esforços que certamente precisam ser fortalecidos. Por outro lado, nesse contexto também se encontram zonas de tensões relacionadas às *presenças de exceção*, e isso tem me intrigado um bocado.

Assim como atualmente, em experiências passadas de trabalho temporário como docente eu era também uma das poucas docentes negras que os estudantes encontraram nos espaços de sala de aula. A partir desse conjunto de situações, tenho conseguido captar pelo menos duas reações mais marcantes nos meus primeiros contatos com as turmas. A primeira reação que notei foi a de surpresa, que entendo como um sintoma da materialização do racismo e da branquidade expressos na configuração de *presenças de exceção*. Lembro-me de uma dessas situações que ocorreu durante um primeiro dia de aula. Em uma manhã agitada da universidade, eu havia chegado mais cedo e, já na sala de aula, arrumava meu material sobre a mesa, que ficava de costas para o quadro e de frente para a turma. Aos poucos, estudantes iam chegando e, nesse fluxo, duas delas passaram pela porta da sala e olharam para dentro, com o rosto curioso. Assim como para vários dos estudantes que já haviam entrado e se acomodado, aquele provavelmente era o primeiro dia de aula delas na universidade, já que se tratava de turma de calouros. Ao me verem, passaram meio corpo para dentro da porta e me perguntaram: "A professora vem?".

Aparentemente, uma figura como eu, diante da sala de aula, ocupando a mesa destinada às professoras, não seria suficiente para me associarem a esse trabalho. Talvez eu lhes parecesse fora de lugar e elas perguntavam se aquela que lá deveria estar viria. Diante disso, respondi-lhes: "A professora sou eu". Sua reação a essa resposta foi de aparente surpresa — seus olhos se arregalaram e elas se entreolharam como quem acaba de se dar conta de uma gafe. A surpresa em seus olhares, suponho, advinha do fato inesperado de terem se deparado com uma jovem negra em frente à turma e seu constrangimento, por sua vez, estaria em não associarem, a partir do contexto, que aquela que estava de frente para a turma era de fato a docente responsável pelo curso. A questão aqui em jogo, portanto, é o modo dissociativo com que a docência negra (e jovem) parece aparecer no ambiente acadêmico.

A segunda reação que consigo identificar com certa frequência nas turmas que tenho tido a oportunidade de conhecer é composta por um misto de grande expectativa e entusiasmo. Diferente das situações de surpresa, essas últimas têm sido para mim um lugar não só de profundo questionamento, mas um combustível para trabalhar na e por uma universidade transformada e transformadora. Não foram raras as vezes em que, enquanto eu caminhava pelos corredores, ouvia bochichos aqui e ali de que chegaria "a professora negra". Percebo em vários momentos que alguns estudantes já chegam às minhas aulas com alguma expectativa prévia relacionada a esse fato, algo que expressa também os efeitos de um conjunto complexo de fatores. De um lado, talvez uma valiosa fagulha de animação e esperança de mudança associada à excepcionalidade racial da minha presença; de outro, quem sabe a expectativa de algum tipo de acontecimento excepcional, cujo conteúdo me é ainda fonte de inquietação e impulso para o diálogo.

Lembro-me de que certa vez, na sala de aula, conversávamos na turma sobre o programa de leituras da disciplina. Do fundo da sala, uma estudante se antecipou e perguntou de modo descontraído, mas assertivo, se leríamos, em suas palavras, "só homens brancos, velhos e europeus". Respondi-lhe que não — de fato, o programa contava com homens e mulheres negras/os e indígenas, além de alguns autores considerados "clássicos", que tinham o perfil que lhe preocupava, dadas a maioria das ementas do curso. Essa é uma preocupação constante e legítima de diversos de meus estudantes ao longo dos anos de minha experiência — que me soa muito animadora. Com essa situação, entretanto, contrasto algo pungente em diferentes cursos e semestres. Mesmo diante de altas expectativas quanto ao curso e, acredito, minha performance nele, a adesão às leituras recuou significativamente, diversas vezes, quando textos eram de autoria de pessoas negras — referências por vezes explicitamente demandadas. Por outro lado, diante de um recuo coletivo da turma, grupos de estudantes negras e negros, muitas vezes participantes de coletivos negros dentro e fora da universidade, se destacavam do silêncio e potencializavam esses textos, enriquecendo de modo fundamental e vibrante a sala de aula.

Esses contrastes me parecem significativos, pois sinalizam ao menos dois desafios. Um deles, lançado para mim na situação que narrei e que pode ser ampliado para docentes de um modo geral, refere-se a como podemos reagir positivamente à justa provocação de estudantes quanto ao lugar ainda sacralizado dos cânones brancos e masculinos das Ciências Sociais. Outro, implícito à comunidade da sala de aula como um todo, implica um engajamento coletivo e contínuo com práticas antirracistas e anticoloniais na universidade para além de uma "modificação pró-forma do currículo" (hooks, 2017, p. 55). Assim, se por um lado é fundamental que nós, docentes, estejamos abertos ao desafio necessário de contribuir com as mudanças curriculares, epistêmicas, pedagógicas e políticas; por outro, cabe também que nós, docentes e discentes, não recuemos diante do potencial do debate intelectual e político instado por referências e práticas contra-hegemônicas e que nos correspondamos de modo engajado com os desafios da transformação propiciada nesses processos. Nesse sentido, é particularmente inspirador para esta reflexão este trecho no qual a senhora menciona que:

> Para nos confrontarmos mutuamente de um lado e do outro das nossas diferenças, temos de mudar de ideia acerca de como aprendemos; em vez de ter medo do conflito, temos de encontrar meios de usá-lo como catalisador para uma nova maneira de pensar, para o crescimento. Os alunos negros frequentemente introduzem nos estudos feministas essa noção positiva de desafio, de investigação rigorosa (hooks, 2017, p. 154).

Nesse caminho, ao mesmo tempo que me angustio com essa experiência de *presença de exceção*, ressalto que é ela mesma frequentemente um resultado de lutas contínuas de enfrentamento ao racismo institucional, sem as quais certamente as *presenças de exceção* seriam ainda mais raras. Assim sendo, ao longo desses últimos anos tenho procurado exercitar lá mesmo, na sala de aula, a construção de algo que considero muito próximo do que a senhora chama de "educação como prática de liberdade" (hooks, 2017,

p. 12). Um exercício central que tenho experimentado é o de apostar de modo cada vez mais aberto e sistemático em uma política pedagógica engajada (hooks, 2017; 2020), traduzida na construção da sala de aula como uma "comunidade de aprendizagem" (hooks, 2017, p. 57–63). A formulação desse conceito aparece de diferentes e inspiradoras formas em seu trabalho: "um contexto democrático onde todos sintam a responsabilidade de contribuir" (hooks, 2017, p. 56); um espaço que "cria a sensação de um compromisso partilhado e de um bem comum que nos une" (hooks, 2017, p. 58); uma condição fundamental para "criar um clima de abertura e rigor intelectual" (hooks, 2017, p. 57). Com esse espírito, no qual os atravessamentos raça, gênero, classe não são tabus e/ou temas pontuais abordados nas disciplinas, a comunidade se presentifica na medida em que "todos tomam posse do conhecimento como se este fosse uma plantação em que todos temos de trabalhar" (hooks, 2017, p. 26).

Nos últimos anos, tenho visto como fundamental deixar essa necessidade de engajamento coletivo mais evidente. Por isso, tenho tentado conversar mais abertamente sobre como tenho organizado meus cursos a partir de uma orientação política e pedagógica que se corresponde com suas proposições de uma educação antirracista, antissexista e anticolonial. Passei a experimentar fazer da primeira leitura de algumas disciplinas, justamente, um dos capítulos do *Ensinando a transgredir* ou do *Ensinando pensamento crítico*. Assim, para além do que lemos nos programas do curso, e que não é pouco, tenho tentado, a partir de seus textos, possibilitar que reconheçamos nosso potencial *comunitário* de transformação e que façamos de nossos encontros em sala de aula um passo firme nessa direção.

As respostas a isso têm sido, a meu ver, também muito encorajadoras: por um lado, tenho visto mais estudantes apaixonadamente engajados em leituras de autoras como Lélia Gonzalez, Frantz Fanon, Sueli Carneiro e Achille Mbembe, inclusive interessados em fazerem cursos exclusivamente voltados para essas leituras. Por outro lado, mobilizados a partir da proposta de construção da sala de aula como uma comunidade de aprendizagem, tenho me alegrado profundamente em ouvi-los contar que têm se sentido à vontade para estar nesse espaço, compartilhar angústias e interesses, e a partir da sala de aula também construir as possibilidades para enfrentar os desafios e encaminhar produtivamente suas ideias e intuições.

Professora bell hooks, sei que já me prolongo para além do que uma curta correspondência deve comportar. Então, à guisa de despedida, quero deixar marcado que, apesar dos desafios todos que atravessam a vida na academia, tenho me envolvido amorosamente com o ofício do ensino em comunidade. Ler em seus livros que, após mais de vinte anos de profissão, o entusiasmo pelo ensino era a marca principal que a docência imprimia em seu espírito me encoraja a estar, o quanto for possível, mais próxima de meus estudantes, da comunidade de aprendizagem que se fundamenta e é fundamental para qualquer "abertura radical" (hooks, 2017, p. 270).

Mais do que isso, entender como a ocupação de postos de docência por pessoas negras e indígenas tem se mostrado bastante consonante com demandas coletivas pela transformação radical da universidade me fortalece o espírito para seguir tentando experimentar o legado de experiências feministas negras e anticoloniais na sala de aula. Não tenho dúvidas sobre a necessidade de desenvolver estratégias para o fortalecimento de ações afirmativas na docência, considerando não somente o projeto de justiça social aí implicado, mas especialmente o potencial transformador que coletivos negros e indígenas podem levar para a sala de aula, também na docência. Para além de referências de teorias, metodologias de pesquisa e aportes conceituais e analíticos, temos um vigoroso referencial antirracista de práticas político-pedagógicas, um legado que espero trabalhar para honrar ao longo dos anos que virão.

No final de *Ensinando a transgredir*, a senhora diz: "A academia não é o paraíso. Mas o aprendizado é um lugar onde o paraíso pode ser criado. A sala de aula, com todas as suas limitações, continua sendo um ambiente de possibilidades. Nesse campo de possibilidades temos a oportunidade de trabalhar pela liberdade, de exigir de nós e dos nossos camaradas uma abertura da mente e do coração que nos permita encarar a realidade ao mesmo tempo que, coletivamente, imaginamos esquemas para cruzar fronteiras e transgredir" (hooks, 2017, p. 272). Quando li essas palavras pela primeira vez, emocionei-me e me fortaleci para enfrentar os ainda novos desafios dessa complexa profissão. Sem ignorar ou subestimar as diversas frentes de disputa pela universidade, acompanhada da senhora fortaleço também a convicção de que não há lugar mais estratégico, mais potente e mais rico do que a comunidade de aprendizagem na disputa por uma educação libertadora. Agradeço pelas palavras, pelo ensino e pelos caminhos abertos, que são fôlego aguerrido e alento amoroso para a permanência firme no compromisso de construir práticas educacionais transformadoras. Contigo, seguimos.

Com um profundo e afetuoso agradecimento,
Rosana Castro

Referências

ALENCAR, A. E. V. Re-existências: notas de uma antropóloga negra em meio a concursos públicos para o cargo de magistério superior. **Revista de Antropologia**, v. 64, n. 3, p. e189647, 2021.

ALMEIDA, M. bell hooks. **Blog de Ciência da Universidade Estadual de Campinas**: Mulheres na Filosofia, v. 7, n. 2, p. 21-33, 2021. Disponível em: https://www.blogs.unicamp.br/mulheresnafilosofia/bell-hooks/. Acesso em: [nov. 2022?].

ANGELOU, M. **Eu sei por que o pássaro canta na gaiola**. Bauru/SP: Astral Cultural, 2018.

BRASIL. **Lei n.º 12.990, de 9 de junho de 2014**. Reserva aos negros 20% (vinte por cento) das vagas oferecidas nos concursos públicos para provimento de cargos efetivos e empregos públicos no âmbito da administração pública federal, das autarquias, das fundações públicas, das empresas públicas e das sociedades de economia mista controladas pela União. Disponível em: https://www.planalto.gov.br/ ccivil_03/_ato2011-2014/2014/lei/l12990.htm. Acesso em: 20 set. 2024.

CARNEIRO, Aparecida Sueli. **A construção do outro como não ser como fundamento do ser**. 2005, 339 f. Tese (Doutorado em Educação) - Faculdade de Educação, Universidade de São Paulo, São Paulo, 2005.

COLLINS, P. H. **Pensamento feminista negro**: conhecimento, consciência e a política do empoderamento. São Paulo: Boitempo, 2019.

HOOKS, b. **Ensinando a transgredir**: a educação como prática de liberdade. 2. ed. São Paulo: WMF Martins Fontes, 2017.

HOOKS, b. **Ensinando pensamento crítico**: sabedoria prática. São Paulo: Elefante, 2020.

HURSTON, Z. N. **The "Pet Negro" system**. New York: The American Mercury, 1943.

PEREIRA, L. N. N. Alteridade e raça entre África e Brasil: branquidade e descentramentos nas ciências sociais brasileiras. **Revista de Antropologia**, v. 63, n. 2, p. e170727, 2020.

RODRIGUES, V. Uma carta para Marli Pereira Soares. **Revista Humanidades e Inovação**, v. 7, n. 25, p. 70-77, 2020.

RUSSO, J.; CARRARA, S. Sobre as ciências sociais na Saúde Coletiva — com especial referência à Antropologia. **Physis**, v. 25, n. 2, p. 467-484, 2015.

SANTOS, E. S. dos *et al*. Racismo institucional e contratação de docentes nas universidades federais brasileiras. **Educ. Soc.**, v. 42, p. e253647, 2021.

VENTURINI, A. C.; FERES JÚNIOR, J. Política de ação afirmativa na pós--graduação: o caso das universidades públicas. **Cad. Pesquisa**, v. 50, n. 177, p. 882-909, 2020.

A VOZ QUE GRITA, CLAMA E CHORA: EM CAMPO COM MEU TUMOR (SE É QUE ELE ERA MESMO MEU)

Gabriela da Costa Silva

Enquanto revisitava o texto dessa Conferência, foi impossível não chorar por todas as memórias que voltaram à tona, pela emoção de contá-las pela primeira vez em um evento tão acolhedor e grandioso. Passados alguns meses desse dia, sinto que posso dizer que meu corpo e meu coração estão prontos para deixar de maturar essa pesquisa, justamente porque o meu tumor não me pertence mais, mas a minha história sim.

Agradeço ao Programa Abdias do Nascimento, por honrar nosso ancestral e beneficiar tantos jovens negros por todo o país, inclusive eu. Também agradeço ao Coletivo Zora Hurston, composto por pessoas que amo com tanto carinho e admiração, por permitirem que a Gabriela que teve um tumor contasse sua história e se encontrasse com a mulher que eu sou hoje. Por me deixarem me debulhar em lágrimas enquanto falo de pesquisa, justamente porque me recuso a acreditar que as ciências sociais não sejam movidas pelos afetos das mulheres negras.

Eu me propus um desafio nesta fala, porque ela é muito pessoal. A princípio, eu tinha planejado uma outra exposição para hoje, discutindo um pouco a partir da minha atual pesquisa sobre a presença dos autores negros no mercado editorial e o meu mestrado, destacando alguns dos atravessamentos que tenho vivido sendo uma pesquisadora negra atravessada pela literatura, estudando literatura. Mas depois da Conferência de ontem[9],

---

[9] A Conferência, ocorrida no dia anterior à minha participação, havia sido a mesa de abertura ministrada pelo Professor Doutor Ari Lima. Após sua exposição, o palestrante foi atacado e violentado verbalmente por uma professora do Departamento de Antropologia, que tinha como intuito questionar a veracidade do caso de racismo sofrido pelo professor há cerca de vinte anos.

ministrada pelo professor Ari Lima, e das discussões que sua fala me mobilizou, decidi fazer uma apresentação sobre uma história pessoal, que eu nunca contei e que diz muito sobre a relação entre campo-corpo-teoria.

Desde a graduação, tenho refletido sobre os desafios de pensar a experiência de pesquisa por meio da existência negra e como nós sujeitos negros somos atravessados pela normatização eurocêntrica do fazer pesquisa. Do que é considerado válido como pesquisa e de que forma os métodos das ciências sociais estão ou não marcados por um divisor racial; e se esse suposto distanciamento do objeto, tão estimulado em nossa formação, dialogava ou não com minha forma de enxergar a produção do conhecimento em sua mais vasta possibilidade de execução. Logo, de forma afetiva, dinâmica e horizontal, como eu gostaria que fosse para mim.

Essa possibilidade me levou a bell hooks (2020) e sua pedagogia do afeto, ou como podemos pensar a sua forma comunitária de olhar para a academia, e, também, ao próprio sociólogo Wright Mills (1969) e sua proposta de imaginação sociológica. Nesse sentido, como socióloga negra, existe um papel de artesã na produção do conhecimento, um papel de tecedora de relações, e existe, também, essa intelectual, que sou eu, marcada pelas relações subjetivas e corpóreas que a pesquisa e o campo me trazem.

A partir disso, eu queria compartilhar com vocês essa experiência pessoal que dialoga com o objetivo desta mesa. Em 2019, eu me candidatei para uma bolsa de graduação sanduíche na Universidad Nacional da Colombia (UNAL), pelo Programa Abdias do Nascimento. Esse programa não existe mais na Universidade de Brasília, visto que eu participei da última seleção. Trata-se de uma política afirmativa desenvolvida pela CAPES em parceria com várias universidades do Brasil e estrangeiras. Na Universidade de Brasília, ele estava sendo coordenado pela Faculdade de Direito, quando eu fiz essa seleção. Observei que ela estava marcada pela presença exclusivamente de mulheres negras. No dia da entrevista eu estava muito nervosa, me lembro que sentei na sala esperando meu horário e só havia mulheres negras sentadas aguardando sua entrevista, pensei que, ainda que não fosse eu, outra mulher negra faria sua pesquisa e seria privilegiada com essa bolsa.

Eu viajei no dia 14 de julho de 2019 para Bogotá, para uma pesquisa comparativa sobre a construção da branquitude no Brasil e na Colômbia. Esse foi um dos momentos mais importantes da minha trajetória da graduação e uma oportunidade única. Eu sentia que, como pesquisadora, estava atingindo o ápice do meu trabalho, que era poder estar em campo como socióloga para investigar de várias formas diferentes a minha própria pesquisa. Três dias depois que eu cheguei em Bogotá, eu fui para a emergência de uma famosa clínica chamada Los Nogales, e descobri que eu tinha um tumor ósseo raro localizado no braço direito, que havia se desenvolvido por seis meses e gerado uma fratura interna em meu osso.

Em termos gerais, eu estava em outro país, nos primeiros dias da minha experiência de pesquisa. Todo o meu planejamento, minha estrutura física e mental tinham mudado, e, consequentemente, o desenvolvimento da minha pesquisa também. Eu sentia muita dor, precisei ser medicada constantemente, não conseguia escrever — o que significava muito pra mim naquela ocasião, porque eu estava vivendo um momento pessoal em que a escrita era um lugar onde eu me encontrava. Além disso, também não fazia atividades básicas do cotidiano por causa da dor, convivi com essa dor incômoda por seis longos meses, enquanto também olhava para minha pesquisa.

Enquanto me remoía, tentava compreender minhas emoções, buscava uma rede de apoio, eu me sentia inconstante e violada por um acaso do destino. Eu percebia que o processo da pesquisa era bem similar ao meu tumor, em termos de desconforto, confronto e análise. Não me entendam mal, não se pode comparar o processo de tratamento de um tumor ósseo com o fazer pesquisa, entretanto, em minha experiência, esses dois momentos se entrelaçam muito. Assim também a experiência do racismo se parece tão dura e marcante pra mim quanto esse tumor.

Não cabe aqui romantizar ambos os processos, mas estar em campo foi visceral em muitos momentos, foi desgastante e me fez rever boa parte das coisas que eu tinha certeza que estavam certas. Eu errei, fui descuidada, cometi algumas gafes com o idioma, apesar de não ser fluente, eu fui muito bem recebida pelos meus interlocutores em termos de erros gramaticais. Realmente, foi um processo de aprendizagem, assim como meu tumor também foi para o meu corpo, para a percepção que eu tinha de mim e como eu enxergava cada etapa da minha vida.

O meu diário, que era pessoal, se misturou em parte com as minhas impressões da pesquisa. Naquele momento, eu discutia muito sobre pertencimento e raça, queria compreender os dilemas que envolviam o reconhecimento e a identidade; nesse sentido, algumas perguntas eram centrais, como o que definia quem eram os negros do caribe colombiano ou os negros do pacífico? E nós negros brasileiros de várias regiões do país? Quais fatores mobilizam essas categorias de identidade? E como, naquele momento da minha vida, isso se tornou central para a minha pesquisa e para o meu processo de cura.

Algumas situações me atravessaram no caminho. Eu e minhas outras companheiras de pesquisa, que também eram negras, tínhamos características físicas que, no Brasil, pareciam bem tradicionais entre a população negra, como o cabelo, nossa forma de vestir ou nos expressar. A partir dessa relação de autoafirmação da nossa própria identidade, eu observei que, em Bogotá, esse aspecto não era tão similar. As discussões raciais sobre identidade, sobre o corpo e como as mulheres negras se colocam diante da sociedade estavam inseridas em outros contextos, que, na minha percepção, o Brasil já havia avançado. A minha presença e o meu corpo em qualquer espaço em Bogotá trazia para mim uma série de atravessamentos, especialmente a discussão sobre pertencimento.

Na época, sentia que, apesar de ter escolhido Brasília para viver, eu não pertencia a esse lugar, por não ter nascido aqui. Talvez eu pertença mais agora do que quando eu cheguei. Como também não pertencia a Bogotá, queria entender um pouco da dinâmica da cidade e como as pessoas me enxergavam cotidianamente. Era muito comum receber perguntas como "você é estadunidense?", "você é jamaicana?", "de onde você é?", mas eu nunca era vista como uma mulher brasileira.

Eu estava sempre tentando entender quais categorias me identificavam enquanto uma mulher afro-americana, e não uma mulher negra brasileira ou afro-colombiana. Duas conversas me marcaram muito nesse processo, a primeira delas foi com a pesquisadora Ochy Curiel e a segunda com o professor Franklyn Here, que a gente não lê muito, mas escreve em português e tem alguns trabalhos publicados sobre a questão racial entre Brasil e Colômbia. Nas duas conversas, o que foi uma unanimidade foi que eu me parecia com uma mulher negra bem-sucedida, e isso só estaria relacionado a uma possibilidade de identidade negra: a afro-estadunidense. Isso me atravessou a todo momento — até porque eu não era uma mulher negra bem-sucedida — mas minha identidade, a forma como eu me colocava, que eu me vestia, como eu andava, passava essa impressão. Inclusive, quando eu e minhas companheiras estávamos fazendo nossas pesquisas, éramos constantemente paradas nas ruas, para perguntarem de onde éramos, e lidamos com a suposição de que nós éramos modelos, logo em seguida, pediam para tirar fotos conosco.

Em um primeiro momento, tive certo estranhamento, porque eu era uma pesquisadora e, em tese, eu não poderia ser o centro de minha própria pesquisa, eu deveria passar "em branco", justamente, não ser vista, e estar escondida sob o que eu pesquiso. Na verdade, os meus próprios interlocutores me colocavam no centro da minha pesquisa. Nesse sentido, eu observei que o meu corpo estava ali de várias formas no meu campo.

Logo eu que ouvi que o distanciamento do objeto era central para fazer uma pesquisa, eu que via que essa lupa sociológica passa por métodos rigorosos de análise, dados e comprovações de fatos, pensava como a minha experiência cabia nisso. Como a minha percepção sobre *la nevera*[10] tinha intrínseca relação com minha presença feminina negra nos mais variados espaços colombianos, que não costumam receber jovens negras como eu. Espaços esses que eram hospitais, restaurantes caros, as casas de salsa que eu visitei em Cali ou as praias isoladas que eu conheci no Caribe.

Todas essas perguntas são questionamentos pros quais eu nunca encontrei respostas, porque você também deve estar se perguntando se eu não decidi priorizar a minha saúde. Sim, eu fiz isso. Quando meu limite físico foi alcançado, eu parei, eu nunca concluí essa pesquisa, ela está lá, como eu gosto de pensar: maturando. Meus diários com as letras tortas, enquanto eu não pude escrever, meus áudio-diários, quando falar era o que era possível, até mesmo meus registros desse processo autoetnográfico, biográfico, relato de experiência ou qualquer uma das alternativas que decidirmos chamar, me ensinaram a perceber as dimensões subjetivas, corporais e afetivas que perpassam o fazer antropológico e sociológico.

Isso me lembrou o Seminário de Decolonialidade e Atlântico Negro, que o professor Joaze Bernardino organizou no Departamento de Sociologia em 2016, quando Shirley Tate contou sobre sua pesquisa sobre raiva e mulheres negras (Tate, 2019). Como o corpo dessas mulheres refletia seus processos subjetivos de violência e dor, especificamente por meio de problemas bucais como o bruxismo. Me lembro de achar muito interessante sua pesquisa, porque sempre sofri de bruxismo, e, ali, ela pensava como o racismo impactava fisicamente o corpo das mulheres negras. Em paralelo, minha própria pesquisa refletia essa relação tênue entre corpo e teoria, minha experiência em campo me mostrou que, ao perder um pedaço do meu próprio osso, após um tratamento de tumor benigno, eu não poderia enxergar o mundo, e, consequentemente, minha pesquisa da mesma forma. O lugar de onde eu vim, minha condição momentânea — o meu tumor — e existencial — que é

---

[10] Termo popular utilizado pelos colombianos para se referir a Bogotá. Sua origem tem dois aspectos, sendo o primeiro deles climático, dado que Bogotá costuma ser mais fria que todo o resto do país por sua altitude e proximidade com os Andes. Além do aspecto comportamental, fazendo um jogo linguístico ao se referir ao comportamento mais fechado das pessoas que vivem lá.

ser negra — diretamente afetaram minha relação com interlocutores e sujeitos afro-colombianos, com as brasileiras que viajaram comigo e com a Colômbia em si.

Então eu penso que, assim como qualquer experiência de campo muda a gente, nossa pesquisa, a forma como enxergamos as coisas, a minha relação com minha doença, o meu corpo e as partes quebradas em mim moldaram os rumos do meu campo. Me fizeram vivenciar simultaneamente um processo duplo de conhecimento sobre mim, o tipo de pesquisadora que eu era e o tipo de pesquisadora que eu poderia vir a ser. Se, naquele momento, os meus limites físicos e psicológicos definiram minha pesquisa, hoje eu mesma posso fazer isso sem medo.

Ontem, quando estava olhando meus diários de campo, após três anos, pude observar que eu escrevia muito sobre minha doença e muito sobre a pesquisa, sentia que eu estava sempre entre esses dois paralelos da minha vida. Ao mesmo tempo, eu tinha dias que eram muito bons para a pesquisa ou muito ruins para minha doença, olhar para esse diário é um processo necessário para entender que o fazer ciência não é essa caixinha quadrada que aprendemos em métodos, que nossas existências em campo são atravessadas por coisas que não podemos controlar. Nesse sentido, o fazer pesquisa, para mim, estava diretamente marcado por isso. Me lembro que escrevi: "gostaria de ter aprendido primeiro sobre como chamar as flores em espanhol, do que os termos médicos que eu aprendi no hospital". Então, esse controle que nos ensinam, que é laboral, que é vinculado àquela ideia de cientista que está no laboratório manipulando peças e afins, não existe quando estamos em campo.

Eu sinto que minha experiência foi válida, limitada dentro das minhas condições de saúde possíveis e ainda não está concluída. Como um processo pessoal de tratamento constante ao longo dos anos, sinto que meu corpo ainda não está preparado para concluir essa pesquisa. O campo se tornou um espaço de muitos sentidos, sejam eles dor, alegria, violência, curiosidade, processos terapêuticos e boas conversas. Mas, também, marcou em mim um divisor de águas sobre como eu posso me enxergar fazendo pesquisa e como meu próprio campo me ensinou a cuidar de mim, enquanto eu ainda pensava em sociologia.

Ontem, enquanto estava fuçando em meus diários de Bogotá, li que em um dado momento dessa experiência eu escrevi: "se eu não sou o famoso texto, que lista os famosos direitos; se eu não sou o muro que cerca e barra o dia, a noite e o vento; talvez eu seja a voz que grita, clama e chora pelos sujeitos". Acho que, desde então, eu tenho seguido esse mesmo caminho. Muito obrigada a todes.

Referências

hooks, b. **Ensinando pensamento crítico**: sabedoria prática. São Paulo: Elefante, 2020.

MILLS, C. W. **A imaginação sociológica**. Rio de Janeiro: Zahar, 1969.

TATE, S. A. Descolonizando a raiva: a teoria feminista negra e a prática nas universidades do Reino Unido. *In*: COSTA, B. J.; TORRES, M. N.; GROSFOGUEL, R. **Decolonialidade e pensamento afrodiaspórico**. Belo Horizonte: Autêntica Editora, 2019. p. 183-201.

CAMPO, CORPO E CLICKS

Ismael Silva

É pesado, né? Então... Bom dia, mas esse "bom dia" é para oxigenar as ideias. E, aproveito para agradecer à mesa, é muito prazeroso compartilhar este momento, ainda que as experiências aqui apresentadas, por ora, acabam não sendo, né? A gente tem que usar o "prazer" de estarmos aqui, porque parece que primeiro o que nos reúne é sempre a violência.

E aí, quando pensei, também, na minha experiência-fala, fiquei imaginando em quais caminhos ia trazer para este nosso diálogo. Fui pensando no meu processo de pesquisa, no processo de como eu chego na minha pesquisa, enfim, diferente de Gabi[11] e de Vini[12], o meu campo é aqui [no Brasil], né, então, assim, eu não me desloco fisicamente [para outro país], se é que há esse deslocamento, mas, ainda assim, parece que as nossas histórias são atravessadas. A gente não preparou falas, a gente não sentou pra organizar, eu até pensei que deveria ter preparado uma fala arrumadinha, mas disse pra mim assim: "Não, eu vou ouvir e vou tentar fazer, escutar também...", e eu tento, não é fácil, né? É um desafio, que as duas falas anteriores apresentaram algo muito mais consistente e organizado.

Mas, então, conversando com as nossas pesquisas, ela é produzida na violência e parece que a gente existe na violência. Por mais cruel que seja essa constatação, por mais cruel que seja nossa experiência de estarmos aqui falando das violências que nos marcam e como nos marcam no fazer científico. São tantos os exemplos do quão essa instituição é violenta, e ela nos torna

---

[11] Gabriela Costa, mestre em Sociologia pela UnB.
[12] Vinícius Venancio, doutor em Antropologia pela UnB.

vítimas de nós mesmos. Porque aquele espaço[13] que poderia ser diferente, poderia ser uma outra coisa, um espaço de cura, acabou se tornando um espaço doloroso.

E eu que acompanhei o processo de construção [do evento VI Negras Antropologias], e ter construído isso junto com outros colegas do [Coletivo] Zora, a gente sabe o quanto tivemos o cuidado pra que ontem não fosse o que foi, o que por algum momento acabou sendo, né? Infelizmente, parece que esse espaço, ele se constrói na nossa dor. Parece que a academia, ela não consegue romper com esse lugar, não consegue não nos entender como objetos. E a gente fica gritando o tempo todo, nós não ficaremos calados, nós não viemos aqui para sermos triturados e trituradas.

E aí, pensando no que seria minha fala, é engraçado, porque eu tinha um título pra minha fala, tinha uma ideia, e estar aqui sendo afetado, estando e percebendo toda essa dinâmica, isso vai mudando e a gente vai tentando, vou tentando seguir o fluxo, né? E eu vou seguindo um ritmo do *Opanijé*, é o ritmo que me constitui e me conduz nesse mundo, me fazendo caminhos e caminhar.

Eu gosto muito de uma leitura do Fanon, em *Pele negra, máscaras brancas* (2008), e eu vou pensando muito aquela questão a qual ele coloca para nós: "O que pode um corpo negro?". O que é que pode um antropólogo negro, uma antropóloga negra, sabe? Do tipo: o que a gente pode como potencialidade, ou como a gente diferencia nossa produção? E, assim, eu poderia trazer vários relatos da minha experiência na academia. Entrei na academia um pouco, diria, "velho". Eu entro com 28 anos, e a academia para mim sempre foi um espaço de violência, tal como a escola de ensino básico foi. Acredito que passei quase uns dez anos sem conseguir sair do ensino médio. O mais engraçado é que tinha juntado os esforços para não fazer essa fala a partir de mim, né, individual. Mas é que parece que somos objeto de pesquisa, pesquisa e pesquisador, e são esses lugares em que somos colocados o tempo todo. Ou,

---

[13] Aqui estou me referenciando ao que ocorreu com o convidado Ari Lima durante sua conferência de abertura do VI Negras Antropologias.

talvez, seja o que a Conceição Evaristo (2020) vai chamar de uma escrevivência, que é essa escrita gravada no corpo e com o corpo, como nos ensinou a Leda Maria Martins (2021), sobre essas grafias da memória.

E aí, eu vinha ouvindo a Gabi e fiquei perguntando: qual é a minha relação com a pesquisa? E o meu campo, que ele é muito imagético? Poderiam chamar de antropologia de arquivo, sabe, porque é o arquivo que me interessa, é a produção dessa memória que me interessava. Apesar de eu produzir muita imagem, produzir um trabalho muito comercial, mas na academia o que me interessava e me motivava é essa produção fotográfica sobre os corpos negros, sobretudo no século XIX. Estava interessado em saber quais foram as imagens produzidas e como esses corpos negros eram produzidos e ressignificados. Lembro que foi na graduação que fui colher a produção da socióloga estadunidense Patrícia Hill Collins (2019) e o conceito dela "imagens de controle" acabou fazendo todo o sentido que eu buscava para minha escrita. Assim como o Joel Zito Araújo, quando nos apresenta o seu documentário *Negação do Brasil* (2006).

O Joel abre pra mim um caminho para pensar imagem, a telenovela, e onde que estão os corpos negros nessa dramaturgia? Quais papéis fazemos nessa narrativa? E essa produção imagética, pra mim, doutrina os corpos, ela doutrina ideia, é uma produção de controle. Eu falava isso ontem na nossa conversa: eu não posso conceber a imagem como algo mecânico. Imagem é produção de texto. Imagem é produção de discurso. Imagem é textualidade. Na graduação, quando resolvi estudar imagem, parecia algo muito ousado. "Você é fotógrafo?" Várias questões foram aparecendo sobre a minha capacidade de olhar para imagens de um outro lugar, as tensionando.

Parece que a história da imagem no Brasil se confunde com a história da desumanização dos povos negros, porque ambas as ciências se desenvolveram no século XIX. Os registros que temos da antropologia e do uso da tecnologia fotográfica ao longo dos séculos XIX e XX são de extrema violência. A imagem foi utilizada, sobretudo na Antropologia e nas Ciências Humanas, por Nina Rodrigues, Lombroso e tantos outros estudiosos das teorias eugenistas, que utilizaram a fotografia e a produção de imagem para nos provar a nossa inferioridade e provar que a gente era inferior, sabe? O uso da fotografia foi para nos catalogar, ampliar uma série de traços fenotípicos no intuito de provar que esses traços fisiológicos eram elementos cabais para justificar traços de criminalidade.

Ainda na graduação, quando eu comecei a pensar de forma mais geral essa produção, encontrei a produção do Louis Agassiz (2000), geólogo, zoólogo suíço que viveu nos Estados Unidos e fez uma série de pesquisas no Brasil nos anos de 1865 e 1866, antes da abolição (1888), defendendo suas teorias eugenistas. Quando me deparei com o arquivo fotográfico produzido por esse moço, fiquei estarrecido. Nos anos 2000, foi publicado aqui no Brasil seu livro contando sobre sua viagem ao Brasil, onde ele diz algo do tipo:

> O que desde logo me impressionou, vendo índios e negros reunidos, foi a diferença marcada que há nas proporções relativas das diferentes partes do corpo. Como os macacos de braços compridos, os negros são, em geral, esguios; têm pernas compridas e tronco relativamente curto. Os índios, ao contrário, têm as pernas e os braços curtos e o corpo longo; a sua conformação geral é mais atarracada (Agassiz, 2000, p. 487).

Então, esse é o contexto no uso da imagem, da fotografia, e é exatamente para materializar o discurso dele. Lembro do meu primeiro contato com essa produção, foi num sábado à noite, escrevo muito à noite, e foi numa dessas noites, envolvido com escrita do trabalho de conclusão da graduação, que esbarrei com esse material, foi um choque, porque foi um fim de semana de reflexão e tristeza. Pois aquele "homem" que ele estava descrevendo, aquela imagem construída, não era alguém que não fosse eu, ou alguém que não me atravessasse enquanto sujeito. O grande desafio, e aí, pensando a minha pesquisa, é muito mais robusto, de tentar me entender enquanto sujeito na sociedade, porque eu estou o tempo todo morrendo e sendo "morrido".

Então, talvez, para a "antropologia", o que estou propondo não seja algo relevante, ou não seja uma produção de conhecimento, porque eu não posso refletir sobre o que chamei de afetação, o outro eu, enquanto um corpo negro, não posso refletir sobre isso, sabe. Não é me dada a autorização.

Uma das minhas grandes questões era pensar exatamente sobre isso, quando vou pensar em fotografia e corpo negro. E aí, eu vou pensar em infância, e quais fotografias de infância que temos? Quais as materialidades dessas imagens? E onde e como essas produções imagéticas são guardadas? Quando você pega a produção do século XIX, as fotografias, e estou falando das produções imagéticas que foram conservadas, é importante entender que há uma política sobre o que é conservado e o que não é conservado. A ausência de imagens de famílias negras nos acervos fotográficos do século XIX não pode significar que não existiam famílias negras, nem que não há famílias negras no século XIX fotografadas. Ao contrário, essas memórias não foram cuidadas, essas memórias não foram preservadas.

Encontraremos uma série de fotos onde as mulheres negras estavam vexatórias, em pose de cachorro, por ter uma criança em cima e no pescoço delas, e essa é a memória preservada e que encontramos o tempo todo nas salas de arte e museus brasileiros. Então, todo mundo foi socializado e educado acessando essa memória, isso vai direto naquela ideia da imagem de controle, que nos ensinou Patricia Hill Collins. O que podemos acessar?

Tem uma outra coisa que me interessa de trazer essa memória ainda, é o conceito de *outsider within* (Collins, 2016), que, assim, é um conceito que me interessa para pensar, sobretudo, qual o nosso lugar enquanto antropólogo. A gente nem como antropólogo é tratado, nós somos uma espécie do "quase". Porque quando paramos para pensar esse conceito, para pensar o lugar das empregadas domésticas na sociedade norte-americana, elas são quase da família, elas são quase da casa, elas são quase parentes, elas são quase mães, elas são quase tias. E parece que nós somos quase antropólogos, nós somos quase pesquisadores, nós somos quase intelectuais, somos até quase humanos, e somos quase produtores de conhecimento e quase que acadêmicos. Somos nós colocados nesse lugar de "quase uma produção boa". E parece que no futuro, assim, e aí, só no futuro, sempre no amanhã, seremos algo ou alguém. Somos sempre uma potência a conectar no amanhã (futuro), né?

A presença e o agora, o que a gente produz agora, tipo nosso, sabe? "Isso vai ser interessante um dia." Esse tempo parece ser cruel com a gente, porque parece que a gente nunca tá pronto para produzir no aqui e agora. Pensando nisso, é um desafio quando eu apresento o meu trabalho, apresento a ideia assim. Vou contar para vocês que na graduação passei por uns cinco orientadores, ninguém entendia o que eu falava, ninguém entendia o que eu queria pesquisar, e eu queria pesquisar a produção de imagem sobre os corpos negros no século XIX. Tipo assim, pra mim isso estava muito óbvio, e, como eu era fotógrafo, era muito mais tranquilo.

E foi ali que, nesse processo de assimilação, todo mundo me propôs, todas as propostas que vinham eram: "por que você não estuda o Pierre Verger?"[14], "por que você não pega o material de Verger?", "por que você não pega Verger e faz uma biografia crítica de Verger?". Não estava interessado em pensar em Verger. Os meus interesses eram outros. Mas o fato de eu ser fotógrafo, negro, macumbeiro e iniciando na antropologia, Pierre Verger era o caminho mais fácil e o que era tido como importante para ser estudado.

"Mas, tudo bem, eu vou ler Verger". Aí, eu peguei um livro de Verger que se chama *Retratos da Bahia* (2002). E aí, comecei a levantar uma série de questões sobre o livro. Questionando o lugar

---

[14] Pierre Verger foi um fotógrafo, etnólogo, antropólogo e escritor franco-brasileiro que viveu em Salvador (Bahia) até o ano de 1996.

dos corpos negros da produção de Pierre Verger. Não nego que há uma centralidade na produção de Verger na experiência negra, sobretudo em Salvador (BA), onde ele viveu parte significante da vida e morreu, deixando um arquivo e uma instituição onde é hoje uma biblioteca importante para uma das memórias do povo negro em Salvador.

Só que não podemos perder a dimensão política, o quanto de objetificação é atravessada por esse olhar estrangeiro sexualizado. Verger conseguiu chegar na feira de São Joaquim (em Salvador/BA) e fotografar os homens carregando sacolas, mercadorias em geral. E, nas fotografias de Verger, o que mais chama atenção são os músculos, as curvas, as bundas dos sujeitos. Ele conseguia compor a imagem de um jeito onde o fetiche e o desejo sexual sobressaíam. A última coisa com que aqueles homens estavam preocupados era com o corpo nessa disposição sexual, e acredito que muitos deles nunca tiveram acesso a esses arquivos.

Aí, eu vou voltar ao ponto, a parte que me interessa ao pensar meu campo e a relação com ele, o que interessa ao pensar os desafios, e, aí, pensar o campo e como torná-lo mais fluido. E foi no mestrado onde eu pude acessar com maior tranquilidade e pensar meus objetivos. Os arquivos do Instituto Moreira Salles, os arquivos públicos de Salvador. Só que aqui o desafio é você ganhar validação de pesquisador, para que, assim, você tenha acesso livre aos arquivos municipais e os estaduais. A tarefa agora é lidar com a dificuldade de você ser legitimado e ser tratado ou reconhecido como pesquisador.

Assim, a dificuldade quando você entra nesses espaços é quando você esbarra primeiro com o segurança, com o vigilante, ele te pergunta: "bom dia, posso lhe ajudar?". Todo mundo tem livre acesso, menos você. Você não pode passar direto. Para você entrar no elevador, você necessita dessa primeira permissão. Isso é muito sutil, isso é do nosso cotidiano. Todo mundo entrava na Biblioteca Central e ia direto, porque não tinha ninguém controlando o vai e vem, mas isso muda quando é corpo negro tentando acessar um espaço público.

E aí... é isso. Minha pesquisa de mestrado se deu durante a pandemia, isso é muito interessante, porque minha experiência na pesquisa de mestrado eu produzi toda na pandemia. E, apesar de todas as dificuldades, eu tive consciência do fato de que eu não ter ido mais vezes pro arquivo, primeiro porque os arquivos estavam fechados, talvez tenha sido mais saudável para mim.

Não sei o quanto estava pronto para lidar com as rejeições e as dificuldades do povo e todas as barreiras para autorização. Eu não sou lido como um corpo que produz conhecimento, eu não sou um alguém tido como pesquisador. E aí eu tive que lidar com isso de forma on-line, tudo isso de forma virtual, e é um outro desafio, sabe?

Eu estava sozinho em casa, mas eu vivo em Salvador com uma amiga-irmã e que foi alguém com quem eu pude trocar e fazer esse bate-bola, foi fantástico. Tivemos que lidar, também, e viver uma experiência pandêmica traumática. Ela tinha vindo de uma defesa de mestrado de muita violência. Essa minha amiga é a Joelma Antunes, que hoje faz doutorado em Antropologia na Universidade Federal da Bahia (UFBA). Depois da defesa, ela ficou três dias de cama tentando falar, sem voz. Parece que todo o espaço afirma que o nosso lugar é fora da sociedade, e não aqui, não aqui na universidade.

A Gabi acabou trazendo para mim essa reflexão do: que fazer agora? E a nossa disputa? Nossa disputa também é uma produção de conhecimento, mas, acima de tudo, é uma forma de ser reconhecido com algo que a gente produz conhecimento e fazemos pesquisa. Na conferência de encerramento da 33ª RBA [Reunião Brasileira Antropologia] (2022), o professor Kabengele Munanga falou sobre a rejeição que sofreu quando ele mandou uma proposta para GT [grupo de trabalho] de discussão sobre políticas de ações afirmativas.

Isso me faz pensar o quanto é bastante negociável quem pode disputar e construir teorias, quem pode produzir conhecimento, sabe? Assim, a ABA [Associação Brasileira de Antropologia] nunca conseguiu fazer uma carta pública para se desculpar pelos inúmeros antropólogos e antropólogas que produziram e assinaram cartas contra as políticas de ações afirmativas, que foram contra as cotas. A ABA, eles estão em dívida! Espero um dia ver a ABA envergonhada ainda por isso, porque isso é tão violento quanto um médico que erra na cirurgia. É um absurdo quando um antropólogo, um professor, intelectual preocupado em pensar as relações humanas, assina uma carta contra uma política afirmativa. Ele tá matando uma quantidade enorme de jovens, de pessoas. Ele tá matando a possibilidade de sonhar. E não há reparação que dê conta disso, mas espero, ainda, um pedido de desculpas público. Mas, assim, me parece que a gente tem que lidar com o acúmulo dessas dores e violências sozinho.

O que aconteceu ontem é muito de tudo isso, por mais que a gente tenha conseguido manobrar e tornar aquele ambiente "tranquilo". O mínimo que o departamento poderia fazer era se desculpar, isso era o mínimo. Isso era o mínimo. E não estou falando que, com isso, vamos resolver os problemas e as desigualdades, não! Então, era um pouco disso, gente, quando estou falando do meu campo de pesquisa. E o meu campo de pesquisa é atravessado por afetações. E, é isso, quando eu penso no corpo negro e na fotografia, eu tô pensando também sobre isso, sobre a minha trajetória. Então, assim, uma coisa não tá afastada da outra. Obrigado.

Referências

AGASSIZ, J. L. R.; AGASSIZ, L.; AGASSIZ, E. C. **Viagem ao Brasil 1865–1866**. Tradução e notas de Edgar Süssekind de Mendonça. Brasília: Senado Federal, Conselho Editorial, 2000. (Coleção O Brasil visto por estrangeiros).

ARAÚJO, J. Z. A força de um desejo: a persistência da branquitude como padrão estético audiovisual. **Revista USP**, n. 69, p. 72-79, 2006.

COLLINS, P. H. **Aprendendo com a outsider within**. Sociedade e Estado, v. 31, n. 1, p. 99–127, jan. 2016.

COLLINS, P. H. **Pensamento Feminista Negro**: conhecimento, consciência e a política do empoderamento. Tradução de Jamille Pinheiro Dias. 1. ed. São Paulo: Boitempo Editorial, 2019.

FANON, F. **Pele negra, máscaras brancas**. Salvador: EDUFBA, 2008.

MARTINS, L. **Afrografias da memória**: o reinado do Rosário do Jatobá. 2. ed. Belo Horizonte: Mazza Edições; São Paulo: Editora Perspectiva, 2021.

VERGER, P. **Retratos da Bahia**. 3. ed. Salvador: Corrupio, 2002.

"É IMPRESSÃO MINHA OU TODO MUNDO FICA TE ENCARANDO ONDE VOCÊ PASSA?": O CORPO DO ANTROPÓLOGO EM UM TRABALHO DE CAMPO NA CAPITAL CABO-VERDIANA

Vinícius Venancio

Bom dia a todas as pessoas presentes. Antes de mais nada, gostaria de agradecer à comissão organizadora do evento, assim como saudar quem veio antes e abriu as portas para que estejamos aqui hoje; e de igual maneira cumprimentar as colegas de mesa, Gabriela Costa, Ismael Silva, João Paulo Siqueira e Juliana Chagas. Para mim é uma honra compor a mesa-redonda "Experiências em Campo" no VI Negras Antropologias.

Em 2017, na primeira edição do evento, compus uma mesa homônima refletindo sobre a minha pesquisa de campo da graduação, ocorrida na ilha de São Vicente, no país-arquipélago Cabo Verde — onde realizo investigações desde então. Hoje volto a ocupar esse espaço, desta vez refletindo sobre a minha experiência de campo do doutorado, realizada na capital cabo-verdiana, de onde voltei no último dia 4 de novembro [de 2022]. Por isso, peço desculpas de antemão se a minha apresentação não parecer suficientemente analítica. Neste momento formativo, o meu olhar se direcionou para os processos de integração e conflito vivenciados por mulheres de outros países oeste-africanos que residem na Cidade da Praia, com um particular foco para as construções e (re)produções de racializações nas quais elas são inseridas.

Dei o título para a minha fala de *"É impressão minha ou todo mundo fica te encarando onde você passa?": o corpo do antropólogo em um campo na capital cabo-verdiana*, sendo a primeira frase dita a mim por Osório — nome fictício que dou para o filho adolescente de uma interlocutora e amiga que eu conheço desde 2019, quando estive na cidade para realizar a minha pesquisa de mestrado (Venancio, 2020) — em um dos dias de férias escolares de verão quando fomos para a *praia de mar*.[15]

De imediato, não consegui dar uma resposta para ele sobre o porquê de me encararem tanto. Não porque aquela afirmação/situação fosse algo novo para mim. Por exemplo, em uma rápida busca em meu diário de campo do doutorado, encontrei 16 menções ao termo encarar e suas variantes. Naquele momento, o meu silêncio se deu porque eu precisava pensar na resposta "adequada" que eu daria para ele, uma vez que era filho de uma pessoa bem relacionada no meu campo — uma *mindjer garandi*, como se nomeiam as mulheres com grande poder arregimentador na Guiné Bissau — e, por isso, eu precisava ser cuidadoso com a minha resposta.

Enquanto voltávamos para minha casa, onde almoçaríamos, disse para ele e para o seu amigo, que encontramos na praia, que o fato de me fitarem tão profundamente ocorria porque a obsessão racial engendrada pelo colonialismo fazia com que as pessoas não conseguissem definir facilmente a minha origem e o meu lugar na estrutura racial daquela sociedade. Embora a minha pele fosse mais clara que a da maioria dos cabo-verdianos, eu era mais escuro que basicamente todos os europeus. Ao mesmo tempo, eu não remetia diretamente ao ideal de brasilidade que eles esperavam, no que seu amigo, um rapaz de pele mais clara que a de Osório, concordou comigo.

Mesmo que o perfil dos atores e atrizes das telenovelas brasileiras que são exportadas para o mundo luso-africano venha encontrando mudanças nos últimos anos (Campos; Feres Júnior, 2015), o ideal do brasileiro que circula e migra ainda é branco, como bem apontou ísis higino (2021) em sua investigação sobre a experiência emigratória de afro-brasileiros. Não à toa, alguns

---

[15] O termo *praia de mar* é usado na capital cabo-verdiana para fazer a distinção com o nome da cidade, Praia, que também é utilizado para nomear o bairro central da cidade, o Plateau.

brasileiros "eurodescendentes" se assustavam quando descobriam que eu não era cabo-verdiano — porque, para a branquitude, preto é tudo igual!

Talvez, por conta desse ideal de "brasileiro" no qual eu parecia nunca me encaixar, era sempre um desafio para as pessoas descobrirem de onde eu era. E, como era de se esperar, com quem eu estava, como eu me vestia ou mesmo a língua que eu falava influíam diretamente na percepção. Uma vez, enquanto falava em francês com uma mulher senegalesa no Mercado do Sucupira, principal centro comercial da Praia, um senhor senegalês passou por nós e perguntou se eu era marroquino. Questionamento similar foi feito por outro homem senegalês, desta vez em Assomada, no coração da ilha de Santiago, que perguntou se eu era marroquino ou libanês. Para além da circulação dentro dos países francófonos, uma explicação possível para esse enquadramento se dá pela percepção, observada por mim entre a comunidade guineense, do uso do gentílico marroquino para indicar aqueles que têm a pele mais clara, mas que não necessariamente representam uma branquidade "europeia".

Outro senhor, também senegalês, ao me ouvir falar em crioulo com ele, questionou se o meu crioulo era da Ilha do Fogo, uma ilha conhecida nacionalmente por ter pessoas de pele mais clara, os *brancos das ilhas*. Para além da questão racial, atribuir a minha pertença a essa ilha pode ter ocorrido, também, porque os estrangeiros não africanos — e não negros — que aportam no país raramente se dedicam a aprender o crioulo, mesmo que esta seja a língua falada no cotidiano em detrimento do português.

O meu pertencimento racial também poderia ser aferido por "contágio". Em duas oportunidades, por conta da minha presença em diferentes festividades das comunidades guineense e senegalesa, as pessoas me tomaram como tal. A primeira ocorreu quando da comemoração do 49º aniversário da libertação colonial bissau-guineense. Por ter chegado cedo, ido embora tarde, comido com o "povão" — já que a elite teve acesso a um *buffet* em um lugar reservado —, uma senhora e um senhor, em momentos distintos, pensaram que eu era guineense e lidaram com essa afirmação sem grandes constrangimentos.

Um estranhamento maior veio quando, numa festa islâmica junto à comunidade senegalesa, eu estava a comer na cabaça junto com os outros homens. Essa cena fez com que uma jovem cabo-verdiana me perguntasse se eu era senegalês. Antes mesmo de poder responder, outra moça cabo-verdiana que estava com ela afirmou que não tinha como eu ser senegalês por conta da cor da minha pele. Nesse momento, a primeira a interrompeu e disse: isso não é problema, já que meu primo é senegalês e tem quase o mesmo tom de pele que ele.

Essa possibilidade de múltiplas tonalidades de pele entre os imigrantes oeste-africanos — que é mais real do que se pressupõe — é o terror para a ideologia racial vigente no país, que tenta compreender o cabo-verdiano como um mestiço e, por isso, poderia estar mais próximo da europeidade e mais distante da africanidade. Tanto que algumas pessoas se recusavam a acreditar quando cabo-verdianos de pele negra retinta se apresentavam como tais, pois estes só poderiam ser *"mandjakus"* — o termo pejorativo para designar os africanos do continente que residem no país a partir do nome de um grupo étnico bissau-guineense. Ao fim e ao cabo, essas indicações nos mostram como as categorias raciais são, acima de tudo, frágeis demais.

De todo modo, na maior parte dos lugares em que eu circulei, eu era lido como branco. Embora entendesse isso, como quando meu amigo Samuel, ao me ver falar sobre raça, disse "No Brasil você é negro? Aqui você é branco!", a gramaticalidade do ser branco me era completamente desconhecida.

Por ter sido formado majoritariamente por pesquisadores brancos, "cresci" ouvindo que ser bem tratado em campo tinha a ver com o fato de ser estrangeiro — algo muito valorizado em um país no qual a mobilidade é central para os seus nacionais. Ao decorrer do trabalho de campo, fui percebendo que algumas pessoas faziam questão não apenas de me receber, mas também de me apresentarem para outras. E não apenas isso, faziam questão de que eu me alimentasse primeiro, muito e bem! Somente ao conversar com uma amiga brasileira negra de pele clara (ou seja, lida como *branca das ilhas* em alguns contextos) que também residia lá, que a ficha caiu. Ela me disse: *amigo, isso é ser tratado como branco, que é o jeito que somos lidos aqui.*

Como ser branco para mim não era algo gramatical, eu acabei comprando a resposta que parecia ser mais fácil, que por sua vez se originava daqueles que não têm o seu lugar racial modificado do Brasil para Cabo Verde, como acontece comigo. Não quero dizer que a nacionalidade não seja importante. Ser brasileiro — e não português, por exemplo — gerava uma série de aproximações entre as pessoas que conheci e eu. Contudo, proponho que superemos a branquitude metodológica[16] e olhemos para a raça como elemento central para a nossa circulação em campo.

Voltado ao caso que dá título a esta apresentação, quero ressaltar que pensar pela via da raça foi, sem dúvidas, a minha resposta fácil a dar naquele momento. Fácil porque não acredito que raça, gênero, sexualidade, deficiência ou outros marcadores sociais da dominação cheguem antes uns dos outros. Para mim, ávido entusiasta do feminismo interseccional, eles chegam todos ao mesmo tempo e vão informar o nosso lugar na sociedade em que moramos. Por isso, não creio que sejamos como um Frankenstein, cujo corpo pode ser desmembrado em raça, gênero etc.

E naquele contexto eu não me sentia seguro em dizer que as pessoas não paravam de me encarar, para além da raça, por eu visivelmente performar um modelo de masculinidade que dista do padrão vigente de masculinidade ideal, que é descrito por

---

[16] Bhambra (2017) define a branquitude metodológica como "uma maneira de refletir sobre o mundo que não reconhece o papel desempenhado pela raça na própria estruturação daquele mundo, e das formas pelas quais o conhecimento é construído e legitimado dentro dele. Ela não reconhece o domínio da "branquitude" como qualquer outra coisa que não seja o estado de coisas padrão e trata uma perspectiva limitada — aquela derivada da experiência branca — como uma perspectiva universal".

Guy Massart da seguinte maneira: "o homem macho ideal é um conquistador de mulheres, um predador, um homem de prestígio, bem como um provedor e protetor da respeitabilidade dos outros, é um homem realizado, estável e alguém sempre em movimento, fazendo progressos" (Massart 2013, p. 296).

Naquele contexto, eu era um homem que estava sempre no meio das mulheres; inclusive fazendo trabalhos que a divisão de gênero do trabalho "destinou" a elas; era lido como um rapaz "meigo, doce, educado" e que, o pior de tudo, não tinha *pequenas* (namoradas). Essa foi, sem dúvidas, a questão que mais me perseguiu durante todo o campo, com pessoas perguntando se eu tinha deixado uma *pequena* no Brasil e/ou se eu já tinha encontrado alguma em Cabo Verde. Pelos homens, eu era reiteradamente chamado a assistir ou falar de futebol, assunto sobre o qual eu não domino uma linha.

Ainda, por ser estrangeiro, muitas vezes eu era lido como branco e portador de *txeru maleta*[17], sendo visto como um potencial candidato para as filhas, irmãs e conhecidas das mulheres que eu conhecia. Na tentativa de fugir a essas investidas, minha resposta, sempre envergonhada, era de que eu não tinha cabeça para aquilo no momento — dito para as pessoas que eu tinha acabado de conhecer; ou de que a pandemia tinha me impedido de conhecer pessoas novas — para quem eu já conhecia desde 2019.

Ainda, embora Cabo Verde não seja um país que criminalize as existências LGBTI, eu não sabia até que ponto me apresentar como tal poderia fechar as portas de um campo absurdamente caro e cuja passagem de volta estava comprada para novembro apenas. Por outro lado, alguns homens de diferentes nacionalidades que conheci pelo *Grindr*, aplicativo de relacionamentos destinado majoritariamente a homens que se relacionam afetivo-sexualmente com outros homens, me alertaram que era uma exposição muito

---

[17]   *Txeru maleta*, ou cheiro de mala, da mala em português, é um termo em crioulo cabo-verdiano que representa "uma característica da pessoa que viaja, que circula. Cabo Verde se constitui em movimentos, onde viajar é um diferencial positivo e, nesta lógica, o *txeru maleta* seria algo atraente, uma vantagem nas relações" (Justino, 2022, p. 38).

grande deixar uma foto do meu rosto no meu perfil. Essas interações mostravam, conforme já apontaram Miguel (2015) e Rodrigues (2013), que a questão das sexualidades e gêneros dissidentes da cis-heteronorma ainda é um campo minado no país.

Além disso, o fato de ser um campo com mulheres dizia, naquele contexto, que seria um campo também com seus filhos e levando em consideração que uma das principais e mais perversas imagem de controle, nos termos de Patricia Hill Collins (2019), destinadas aos homens gays é a da pedofilia (Foucault, 2001), associado aos rumores que já correram pelo país de brasileiros que raptavam crianças, calculei que era melhor manter-me dentro do armário. Em um contexto no qual a heterossexualidade compulsória (Rich 2012) parece vigorar ainda mais — sendo esta alimentada pela lógica gendrificada implementada pelo colonialismo — essa estratégia de retorno ao armário funcionava, como aponta Tushabe (2013), como uma forma de proteger-me ao estar inserido em uma realidade que não era a minha de costume e onde as redes ainda não estavam tão sólidas.

Todavia, esse "retorno" ao armário não quis dizer que a questão da minha sexualidade passou batida. Como disse meu psiquiatra, uma sociedade que recalca a questão da sexualidade com certeza a verá emergir de outra maneira. E ela emergiu por meio de um número razoavelmente alto de assédios sexuais que eu sofri, vindos de outros homens que performavam uma heterossexualidade ideal.

Sem dúvidas, o pior desses momentos ocorreu em meados de agosto, quando eu voltava de um almoço pós-celebração da missa de sétimo dia do tio de uma amiga. [E aqui eu introduzo um alerta de gatilho para violência sexual.] Como tinha muito tempo que eu não circulava pelo Plateau, decidi passar por lá. Quando lá cheguei, optei por voltar caminhando para casa pela orla da cidade. Enquanto descia uma rampa que liga o Plateau a um trecho de praias, fui abordado por um rapaz, com quem eu já tinha conversado em outro momento nas praças da cidade, locais que eu sempre frequentava por conta da minha pesquisa — e que ele já tinha sugerido que eu o levasse para minha casa.

Ao me encurralar, ele me mandou abaixar as calças e eu disse que não iria fazer aquilo. Então ele perguntou se eu não tinha medo dele e eu disse que não. Foi quando ele disse que não sairia dali de mãos abanando, que pelo menos levaria o meu celular. Nisso, ele me mostrou uma estaca de madeira pontiaguda e disse que se eu tentasse correr ou gritasse ele me matava ali mesmo. Tentei negociar, dizendo que não precisava daquilo, que nós nos conhecíamos, mas ele foi irredutível e disse mais uma vez que me mataria ali mesmo.

Com medo do que ele poderia fazer comigo, fui pra cima dele e consegui tirar a estaca da mão dele. Nessa hora deu para perceber que ele procurava algum outro objeto para me atingir. No que eu tentei correr, fui preso por uma planta espinhosa e ele me jogou no chão. Meus óculos voaram e eu falei pra gente conversar. Eu tentei jogar minha mochila pelo muro de pedras e ele falou mais uma vez que iria me matar. Então ele me jogou no chão, tateou o bolso da minha bermuda onde estava a carteira, foi para o do celular, puxou o aparelho e foi saindo.

Nos momentos que se seguiram, consegui buscar ajuda com um homem que passava de carro, que ligou para a polícia. Com os policiais, consegui rastrear o celular e encontramos o rapaz, que foi agredido assim que chegamos na esquadra. Como se essa situação não tivesse sido violenta o suficiente, fui convocado ao tribunal pouco mais de um mês depois. Lá, o rapaz começou a dar a entender que eu tinha chamado ele para fazer um programa comigo e, como eu "não quis pagar", ele teria levado o meu celular. O advogado de defesa veio falar comigo mais uma vez, dizendo que era melhor eu deixar para lá mesmo e dizer para o juiz que foi só um mal-entendido. No meu depoimento, contei tudo que aconteceu, expondo o assédio. Nisso, o juiz me perguntou se eu tinha me encontrado com ele depois (dando a entender que a gente tinha uma relação), e eu disse que passei por ele uma vez com dois amigos, mas que tinha ficado tão tenso que queria correr. O juiz disse que ele não faria mais nada contra mim, que estava arrependido e perguntou se eu o desculpava. Eu disse que só queria me ver livre daquilo, viver tranquilo o tempo que me restava ali.

O que eu quero com essa história não é reificar uma história única que tende a colocar o continente africano como berço de uma homofobia irredutível, como tensionam Sokari Ekine e Hakima Abbas (2018) na introdução ao *Queer African Reader*, já que o que aconteceu comigo na Praia voltando de uma atividade de campo já aconteceu com conhecidos no Brasil, nos Estados Unidos e em outros lugares do mundo.

A minha proposta, aqui, é sacudir uma antropologia cis--heteronormativa, brancocêntrica, masculina, entre outros, que se pretende como universal. Por isso, questiono: é possível que em pleno 2022, dez anos após a lei de cotas e quase vinte anos após a implementação das ações afirmativas para pessoas negras na Universidade de Brasília, nós cursemos disciplinas de Métodos e Técnicas em Antropologia Social sem leituras e discussões que nos apresentem como o nosso corpo vai impactar diretamente as nossas pesquisas? É possível que sigamos ouvindo em eventos que as pesquisas realizadas por nós, estudantes negros, LGBTI e mulheres, são enviesadas pela nossa realidade? As de pessoas brancas, cis-hetero e homens não o são? Ou que nas bancas de nossos trabalhos os avaliadores se sintam à vontade de perguntar como ser uma pessoa negra, LGBTI, mulher etc. impactou o trabalho de campo, mas essa pergunta (quase) NUNCA é feita para homens, brancos, cis-heteros?

Em entrevista realizada por Laura Moutinho, Pedro Lopes e Denise Pimenta (2016), Trajano Filho foi convidado a refletir sobre o baixo número de antropólogas fazendo pesquisa em contextos africanos comparado com o alto número delas na nossa disciplina. Embora aponte que a pesquisa em África seja claramente possível para mulheres, citando uma lista de antropólogas que realizaram célebres pesquisas no continente ainda no início do século XX, o entrevistado aponta que "a pesquisa antropológica é sempre uma aventura dolorosa e tanto mais dói quanto mais somos frágeis pessoalmente", acrescentando que "tendo a pensar que a aventura africana é mais aventurosa e arriscada para as mulheres devido aos vieses de nosso olhar para o continente e, quem sabe até, aos vieses do nosso mesmo olhar para as diferenças de gênero" (Pimenta *et al.*, 2016, p. 308).

Acho que essa resposta não é o suficiente. E, para isso, retomo o orientador deste, Igor Kopytoff (2012, p. 236), quando ele afirmou que "o mundo é um lugar perigoso quando não se está ligado ao grupo de parentesco". Para além de estar em uma terra sem laços de parentesco, o campo pode também ser marcado pela intensificação e/ou alteração da forma de legibilidade dos marcadores sociais da dominação que compõem os nossos corpos. Como bem mostrou Eva Moreno (2018) em seu texto no qual ela relata uma cena de estupro sofrida por ela em campo por parte do seu assistente de pesquisa — que a levou a abandonar a sua então pesquisa e consecutivamente o doutoramento —, estar em um contexto estranho, em uma situação de liminaridade muito grande, nos coloca em uma posição de vulnerabilidade muito acentuada, especialmente quando os nossos corpos destoam muito no contexto geral. A mudança de contexto local não faz com que escapemos da vida neste patriarcado capitalista da supremacia branca, como nos propõe bell hooks (2004), que se capilariza e atualiza em diferentes contextos do mundo.

Por isso, conclamo as/os leitoras/es à reflexão: a antropologia "ficou chata" porque "negro estuda negro, gay estuda gay, mulher estuda mulher, indígena estuda indígena", como já ouvimos em sala de aula; ou, para além de garantir uma pluralização do olhar para além da produção feita por grupos hegemônicos que nos tratam como objeto de pesquisa, esta também pode ser uma forma de reduzir as violências vividas em campo por pessoas que já são cotidianamente violadas? Por que as nossas pesquisas são chamadas pejorativamente de militância e autoetnografia, enquanto a produção de filhos da elite brasileira sobre a elite brasileira foi e é considerada a renovação da antropologia brasileira e a atuação política cientificamente negacionista das/os antropólogas/os contra cotas é chamada de opinião/visão diferente? Pode o Narciso antropológico olhar para além da brancura cis-heterocentrada que reflete em seu espelho?

Referências

BHAMBRA, G. K. Trump and 'methodological whiteness': on the misrecognition of race and class. **British Journal of Sociology**, v. 68, n 1, p. 2014-232, 2017.

CAMPOS, L. A.; FERES JÚNIOR, J. Televisão em cores? Raça e sexo nas telenovelas "Globais" dos últimos 30 anos. **Textos para discussão GEMAA**, v. 10, p. 1-23, 2015.

COLLINS, P. H. **Pensamento feminista negro**: conhecimento, consciência e a política do empoderamento. São Paulo: Boitempo Editorial, 2019.

EKINE, S.; ABBAS, H. A proposta do Queer African Reader. *In*: REA, C.; PARADIS, C. G.; AMANCIO, I. M. S. (org.). **Traduzindo a África queer**. Salvador: Devires, 2018. p. 23-27.

FOUCAULT, M. **A história da sexualidade I**: a vontade de saber. [Histoire de la sexualité I: la volonté de savoir], 1988. Tradução de Maria Thereza da Costa Albuquerque e José Augusto Guilhon Albuquerque. 14. ed. Rio de Janeiro: Graal, 2001.

HIGINO, Ísis. **Unicórnios Negros**: a experiência emigratória de afrobrasileiros. Uma análise teórica da emigração brasileira sob o viés racial. 2021. 164 f. Dissertação (Mestrado em Direitos Humanos e Cidadania) - Programa de Pós-Graduação em Direitos Humanos e Cidadania, Universidade de Brasília, Brasília, 2021..

HOOKS, b. **The will to change**: men, masculinity, and love. Beyond Words/Atria Books, 2004.

JUSTINO A. O. A **esperança do amanhã**: cuidados, carinhos e castigos em uma etnografia com crianças caboverdianas. 2022. 264 f. Tese (Doutorado em Antropologia Social) - Universidade de Brasília, Brasília, 2022.

KOPYTOFF, I. Ancestrais enquanto pessoas mais velhas do grupo de parentesco na África. **Cadernos de Campo (São Paulo, 1991)**, [*s. l.*], v. 21, n. 21, p. 233-250, 2012.

MASSART, G. The aspirations and constraints of masculinity in the family trajetories of Cape Verdean men from Praia (1989–2009). **Etnográfica**, v. 17, n. 2, p. 293-316, 2013.

MIGUEL, F. **Levam má bô**: (homo)sexualidades entre os sampadjudus da Ilha de São Vicente de Cabo Verde. Dissertação de Mestrado, Programa de Pós-Graduação em Antropologia Social, Universidade de Brasília, 2014.

MORENO, E. Estupro em campo: reflexões de uma* sobrevivente. **Cadernos de Campo (São Paulo, 1991)**, [s.l.], v. 26, n. 1, p. 235-265, 2018.

PIMENTA, D. *et al.* "Há um mundo africano inteiro à nossa espera" — Wilson Trajano Filho, um profissional da alteridade. **Revista de Antropologia**, [*s. l.*], v. 59, n. 3, p. 295–321, 2016.

RICH, A. Heterossexualidade compulsória e existência lésbica. **Bagoas — Estudos Gays**: Gêneros E Sexualidades, v. 4, n. 5, 2012.

RODRIGUES, C. S. M. A multiplicidade de género e homoafectividade na cidade da Praia. *In*: FURTADO, C. A.; VIEIRA, M. S. **Desigualdades sociais e dinâmicas de participação em Cabo Verde**. Praia, Santiago, Cabo Verde: Edições Uni-CV; Porto Alegre, Editora da UFRGS, 2013.

TUSHABE, T. W. Decolonizing homosexuality in Uganda as a human rights process. *In*: FALOLA, T.; AKUA AMPONSAH, N. (ed.). **Women, Gender, and Sexualities in Africa**. Durham: Carolina Academic Press, 2013. p. 147-154.

VENANCIO, V. S. **Created in Cabo Verde**: Discursos sobre a nação na produção de suveniers "genuinamente" cabo-verdianos na ilha de Santiago. 2020. 256 f., il. Dissertação (Mestrado em antropologia Social) Universidade de Brasília, Brasília, 2020.

"VOU CONTINUAR SONHANDO!": NOTAS ETNOGRÁFICAS DE PÚBLICOS DE UM CENTRO CULTURAL EM TERESINA (PI)

Nayra Joseane e Silva Sousa

Primeiramente gostaria de agradecer a todas, todes e todos que estão aqui presentes e acompanhando virtualmente pelo canal de YouTube do Coletivo Zora Hurston. É uma honra compor esta mesa neste evento que tensiona o diálogo com questões urgentes para a construção de uma instituição de ensino que seja efetivamente plural e pluriepistêmica.

Minha alegria de estar aqui se soma, também, ao meu encontro com o Coletivo Zora Hurston, uma vez que o acompanhava pelas redes sociais, e, no início de 2022, pude participar do cursinho preparatório para pessoas negras que é ofertado anualmente, no qual realizam aulas para orientar candidatos interessados no mestrado ou doutorado do PPGAS/UnB. O acompanhamento para cada etapa da seleção foi fundamental para minha aprovação no doutorado em Antropologia Social, minha gratidão fica aqui registrada.

Quando fui convidada para esta mesa, refleti como as leituras de Lélia Gonzalez e de Zora [Hurston] atravessaram a minha trajetória acadêmica, pois ambas foram intelectuais que conheci por interesse individual. Faço parte da geração de estudantes que vivenciou a política de apagamento dessas e outras autoras afrodiaspóricas nas ementas das mais variadas disciplinas de graduação e pós-graduação nas Ciências Sociais. Felizmente, as universidades estão mudando e/ou sendo tensionadas para que intelectuais da importância de Lélia e Zora assumam o lugar no processo de formação de estudantes que adentram essa instituição, e exigem que a mudança não ocorra apenas para o seu acesso, mas que acompanhem um currículo que nos assuma enquanto sujeitos.

Nesse processo, entretanto, não há espaço para ingenuidade, sabemos que, para esse movimento ocorrer, foi e é necessário exercício diário para que nossas vozes se tornem presentes em um lugar onde a enunciação está tradicionalmente associada à minoria branca, privilegiada e ocidentalizada.

Trago para a mesa um recorte da pesquisa de mestrado que desenvolvi entre os anos de 2015 a 2018. Aqui, apresento algumas notas etnográficas interessadas sobre a mediação artístico-cultural de uma instituição pública de cultura na cidade de Teresina (Piauí). Meu interesse acadêmico está atrelado às minhas vivências pessoais, pois sou oriunda de uma família que possui estreito laço com as práticas artístico-culturais, sobretudo, circense. Acho importante esse adendo, pois ao trazer essa informação coloco que minhas experiências estimulam meu interesse a determinado tema, ao tempo que minha relação com esse contexto tem a ver com o corpo-geopolítica do conhecimento (Bernardino--Costa; Maldonado-Torres; Grosfoguel, 2020).

A instituição cultural onde fiz minha incursão etnográfica foi o Teatro do Boi, uma instituição pública de cultura que nasce um ano após o órgão que administra a política cultural na cidade — a Fundação Cultural Monsenhor Chaves. Ou seja, quando esse órgão foi criado, em 1986, uma de suas primeiras ações conduzidas foi a concepção de equipamentos culturais na capital do Piauí para disseminar o "acesso à cultura", por meio de oficinas de diversas linguagens artísticas.

A definição de cultura, para fins de políticas culturais ou de pesquisas relacionadas ao tema das práticas culturais, é um campo bastante espinhoso, visto que, na dimensão sociológica explorada, sobretudo pela tradição da sociologia francesa, com os estudos sobre os públicos e as práticas culturais, inaugurada por Pierre Bourdieu, apresentam-se os processos de legitimação e distinção das manifestações artísticas. Por outro lado, há a dimensão antropológica de cultura, que apresenta uma perspectiva mais ampla e reconhece a cultura como toda atividade simbólica humana.

NEGRAS ANTROPOLOGIAS. ONDA NEGRA, MEDO BRANCO:
TECENDO CAMINHOS E ENFRENTAMENTOS FUTUROS

Nesse meandro, as instituições de cultura optam por trabalhar no âmbito de suas ações e programações sob o critério da dimensão antropológica de cultura no nível ideal, com universos de símbolos pelos quais os indivíduos e grupos se expressam; e, no nível prático, fomentam certas atividades artísticas, como instrumento de formar público para determinadas linguagens artísticas, ou mesmo no âmbito de ocupar o tempo livre.

A criação dos Centros Integrados de Arte, também nomeados de Ciartes, em Teresina, pela Fundação Cultural Monsenhor Chaves, tinha por objetivo designar espaços para atividades artísticas em diversos bairros da cidade. Na zona norte, no bairro Matadouro, que possui a população majoritariamente negra, o CIARTE Norte foi alocado para o antigo prédio que funcionou entre os anos de 1928 até 1973 fornecendo carnes para a cidade. Logo, o nome CIARTE-Norte, em virtude do lugar de memória (Nora, 1993), foi alcunhado pela população de Teatro do Boi, e assim permaneceu. Logo, o lugar em que havia matança de bovinos, com sangue e sujeira que escorria nos esgotos das vielas sem saneamento básico, foi substituído por sonoras músicas entoadas por instrumentos musicais, corpos em movimentos rítmicos de dança, representações artísticas e a contagem do tempo em "cinco, seis, sete, oito...".

O Teatro do Boi, portanto, é um centro cultural que conta com um teatro como palco principal, uma biblioteca e diversas salas utilizadas para as oficinas de teatro, dança adulto, dança infantil, capoeira, figurino, desenho, violão e percussão. A programação da instituição implica as classificações dos "tipos de práticas culturais" que são ofertadas. Nesse âmbito, é importante entender a elegibilidade dessas práticas específicas e o seu objetivo. Para isso, contextualizo.

Essa ação parte do paradigma de democratização cultural que surge junto com a dita invenção das políticas culturais (Fleury, 2006), que se deu a partir da criação do Ministério dos Assuntos Culturais, na França, em 1959. Esse feito resultou em uma série de pesquisas sobre o comportamento cultural dos franceses, junto à discussão sobre as mudanças de concepção do tempo livre e do lazer daquela população. As pesquisas de Pierre Bourdieu tornaram-se pioneiras, com o estudo sobre os públicos dos museus daquele país (Bourdieu; Darbel, 2007), pois se constatou que havia uma estratificação social das práticas culturais, que fez com que o então ministro francês, André Malraux — o qual exerceu suas funções no período de 1959–1969 no Ministério dos Assuntos Culturais, posteriormente denominado de Ministério da Cultura —, adotasse medidas para reduzir essas desigualdades de acesso à "cultura", traçando uma ação cultural orientada a "tornar acessíveis as grandes obras da humanidade" (Lahire, 2006, p. 15). Isto é, as "ações culturais" destinavam-se a transmitir a "alta cultura" àqueles que não tinham acesso a ela.

Porém, as estratégias adotadas pelas instituições, tais como a redução de tarifas e aproximação socioespacial dos equipamentos culturais, segundo as pesquisas desenvolvidas por Bourdieu e sua equipe, não alteraram a frequência dos públicos aos equipamentos culturais, o que levou ao entendimento de que havia obstáculos, também, simbólicos no comportamento cultural da população. As práticas culturais, nesse sentido, estavam atreladas à formação do gosto, ao capital cultural dos sujeitos (seja ele herdado ou adquirido). Não obstante, o "cultivo" do público nessas instituições está diretamente relacionado com a maneira como a política cultural os compreende e forma. Digo forma, pois públicos de cultura não existem naturalmente, eles são resultantes de oportunidades de aprendizagens, e, quando atualizamos para o contexto de novas tecnologias, esses públicos são tanto usuários quanto produtores de conteúdo, que possuem um repertório cada vez mais eclético. Nesse sentido, "os públicos não nascem como tais, formam-se e transformam-se permanentemente pela ação da família, amigos, escola, comunidade circundante [...]" (Mantecón, 2009, p. 10). A questão que se impõe sobre os pesquisadores é: como essas ações mediadas pelas políticas públicas de cultura fazem sentido aos públicos que a consomem?

Foi seguindo essa indagação que elaborei o trabalho de campo na instituição do Teatro do Boi em Teresina (PI). Lá identifiquei os movimentos dos públicos e pude perceber quando há conformidade com a política cultural aplicada ou quando há estratégias que subvertem essas lógicas. Assim, identifiquei seis tipos de públicos no Teatro do Boi: 1. públicos acompanhantes — que são predominantemente as mães que acompanham suas filhas nas oficinas de dança; 2. público assíduo — que são aqueles que, além das oficinas, participam das diversas atividades ofertadas no centro cultural; 3. público da prática específica — são aqueles integrantes de alguma oficina, mas que comparecem somente às aulas, sem nenhuma relação mais ampla com a instituição; 4. os públicos que ensaiam — são aqueles que utilizam o espaço do centro cultural para ensaios de seus grupos específicos, principalmente aos finais de semana; 5. os públicos do teatro — aqueles que frequentam as peças teatrais, musicais e festivais promovidos no palco do teatro principal; 6. os públicos da biblioteca.

Nas observações e diálogos com esses públicos, que possuem faixas etárias bastante diversas, são evidenciados os atravessamentos da instituição, no qual alguns pontuam conformidade com as práticas culturais ofertadas para ocupar o tempo livre das crianças, reconhecendo as ações da instituição como satisfatórias. Há, também, os adolescentes que subvertem a ordem da instituição, ao criarem um grupo de dança independente e utilizarem o espaço do Teatro do Boi para seus ensaios, sobretudo aos finais de semana, pois a instituição não ofertava prática de dança que eles gostariam para a idade após 17 anos. Entre as oficinas que possuíam um menor número de alunos, as desistências se configuravam como respostas à mediação da oferta da prática cultural.

O Teatro do Boi possui uma singularidade: muitos dos professores/as das oficinas são ex-alunos da instituição. Assim, conduzem suas aulas a partir de estratégias específicas de cada eixo artístico. A programação da instituição é intensa, com oficinas ofertadas, de forma gratuita, que atuam semestralmente, nos turnos matutino, vespertino e noturno. Nesse sentido, um interlocutor, ex-diretor do Teatro do Boi, elucida sobre a instituição com a seguinte fala:

> As casas de cultura têm que haver com a formação do artista que entra ali pequenininho, e assim cria motivo/situações para que ele possa reproduzir de maneira inicial no mundo das artes, e ao mesmo tempo é uma casa que tem espetáculos, então os artistas que já são formados voltam com os espetáculos, então essa instituição é uma retroalimentação. (Francisco Pereira, 52 anos, ex-diretor do Teatro do Boi. Entrevista concedia à autora em 26 de abril de 2016).

Em 2010, a instituição passou por uma revitalização a partir das ações da primeira etapa do Programa Lagoas do Norte[18], que tornou a instituição com estruturas prediais mais apropriadas às práticas culturais ali ofertadas, sendo reinaugurada no ano de 2012. Nesse sentido, um ex-diretor da instituição reflete sobre como era o teatro:

> O Teatro do Boi, na época que cheguei lá [no ano de 2009], a maioria das pessoas que estavam lá eram pessoas do [dos bairros] Poti Velho, da Santa Maria, do São Joaquim, do Parque Alvorada e do Matadouro. Para mim, pelo meu olhar, pela pele das pessoas, pelo jeito das pessoas, para mim, noventa por cento daquelas pessoas eram pobres, muito pobres. Aí, eu olhava as paredes, todas caindo o reboco, problema de infiltração, sem espaço para as atividades [...]. Lá, era um lugar isolado mesmo, tudo ia para os outros [teatros], não ia nada para o Teatro do Boi. Então, tinha um Festival para

---

[18] O PLN faz parte do Programa de Empréstimo Municipal Brasil (Umbrella APL), que se estrutura como um Programa de Empréstimo Adaptável Horizontal com foco na "suavização" da pobreza em espaços citadinos, no meio ambiente urbano, no desenvolvimento econômico local e na governança municipal (Teresina, 2008). Tendo início a negociação entre a Prefeitura Municipal de Teresina e o BIRD no ano de 2003, o acordo de empréstimo para implantação do programa foi firmado em 2008 (n.º 7523-BR-2008), no valor de 100 milhões de reais. Desse total, 70 milhões representam o financiamento do Banco Mundial e 30 milhões a contrapartida da Prefeitura e do Governo Federal (Teresina, 2014).

> mostrar para a cidade de Teresina, um Festival de violão ou coisa assim, vinha gente de fora, da Rússia, não sei de onde, e não colocava nada para o Teatro do Boi. E a desculpa era que o Teatro do Boi não tinha condições [estrutura técnica da instituição]. (Francisco Pereira, ex-diretor do Teatro do Boi. Entrevista concedida à autora em 26 de abril de 2016).

As periferias de Teresina, assim como em todo o Brasil, os lugares de pobres, são também lugares de negros, e, dessa maneira, compõem uma disjunção hierárquica do espaço urbano. A estrutura predial da instituição era um dos elementos que mais chamava atenção dos interlocutores, pois, em meu percurso etnográfico, tanto os ex-diretores como os públicos das oficinas e os moradores do entorno do Teatro do Boi apresentaram diversas significações, com ênfase na oposição do "Teatro Velho" e o "Teatro Novo", onde refletiam como era o Teatro antes da "revitalização do prédio" e após. A ampliação e modernização predial do Teatro do Boi, apesar de ser bem-vinda aos olhos dos interlocutores, trouxe reflexões que englobam laços afetivos, apresentando oposição entre o luxo e o modesto, como podemos notar na fala de uma dançarina do Grupo Straimy, quando disse:

> Eu acho que depois da reforma que teve aqui no Teatro, melhorou só na infraestrutura porque antes tinham muitas oficinas, as roupas eram dadas [doadas pela Fundação Municipal de Cultura], ou seja, podia vir gente carente da redondeza, e hoje, não, está bem mais privado, a pessoa tem que comprar roupa e têm roupas muito caras. A infraestrutura não era legal, mas antes, era voltado às pessoas carentes. Depois da reforma, a gente apresenta mais [dentro do] no Teatro. Antes a gente apresentava em muitos lugares, aqui na frente [na rua do Teatro], nas escolas, nos Teatros daqui de Teresina, às vezes dançava até fora [da cidade]. Antes o Teatro era mais cheio (Andressa Almeida Cardoso, 20 anos, dançarina do grupo

Straimy. Entrevista concedida à autora em 3 de dezembro de 2016).

Essa visão apresenta como o teatro antes da reforma instituída pelo Programa Lagoas do Norte (PLN), apesar da precariedade do prédio, apresentava uma atividade intensa com a comunidade, ao tempo em que, quando o teatro torna-se mais equipado, há um distanciamento das demandas acionadas por esses públicos.

O Programa Lagoas do Norte é um programa de intervenção urbanística de largo espectro, que, ao longo de seus quinze anos de ação conflituosa com os moradores da região norte, parece ainda estar longe de um desfecho. Dentro dos objetivos declarados desse Projeto, estava o de melhorar a qualidade de vida da população de baixa renda, resolvendo problemas de saneamento e drenagem. Contudo, por meio das ações engendradas pela prefeitura de Teresina, com financiamento do governo federal e o apoio técnico/financeiro do Banco Mundial, as duas fases de execução do Programa resultaram em ações segregadoras e de desapropriação de casas do entorno do Teatro (Pereira, 2017; Carmo, 2017).

As implicações da política urbanística desse programa alteraram a paisagem urbana da região norte, em um reordenamento socioespacial que converge para as configurações dos fenômenos urbanos globais, quando as cidades se tornam palco de intervenções no contexto físico-espacial, com novas significações e formas de apropriações do solo urbano, atendendo, assim, a expectativas do mercado e dos movimentos da globalização. Foi dentro desse alinhamento que o Teatro do Boi foi incluído no PLN no âmbito cultural, quando apresenta atenção à "proteção do patrimônio cultural". Entretanto, há controvérsias, como é possível identificar nos trabalhos de Lucas Pereira (2017) e Daniele do Carmo (2017), quando ambos apresentam como os moradores da região reagiram às ações desse programa, inclusive com a criação de frases expostas nos muros de suas casas evidenciando descontentamentos, tais como: "Lagoas do Norte para quem?"; "Lagoas da Morte"; "Dizem que aqui é área de risco, mas o que querem é transformar aqui em áreas de ricos".

As intervenções feitas pelo Programa Lagoas do Norte fazem parte dos grandes projetos que possuem objetivo de (re)vitalizar, (re)qualificar ou (re)valorizar áreas urbanas, resultando em práticas excludentes de "enobrecimento" de certas áreas da cidade, com foco nas classes médias e altas (Nobre, 2003). A região norte da cidade, localidade em que o Teatro do Boi se encontra, é uma região que ficou muito tempo longe dos olhos e ações do poder público e tornou-se lugar de interesses, principalmente destinados aos investimentos em lazer e turismo, visto sua localização entre as margens que circundam os rios da cidade.

Na sutileza da etnografia, fui capturando o universo simbólico da instituição, percorrendo além das monossilábicas respostas que me foram apresentadas nas entrevistas ou diálogos, e, assim, reconheci códigos expressos nos silêncios, os não ditos, nos gestos, na maneira de ocupar o espaço da instituição (Sousa, 2017).

Ao seguir os sentidos dos públicos, pude captar os sentidos atribuídos ao Teatro do Boi, como a fala de Dona Tereza, mãe de uma aluna da oficina de Balé, quando diz: "Eu digo para minha filha Raylane [de 9 anos] que o sonho dela [de ser artista] é muito caro, aí ela responde: mamãe, vou continuar sonhando"; ou quando o Seu Waldemar, de setenta e 8 anos, aluno da oficina de desenho, diz: "Isso aqui mudou a minha vida" (Waldemar, aluno da oficina de artes plásticas); ou mesmo quando o elenco do Grupo Corpo de Baile afirma: "Aqui [o Teatro do Boi] é minha segunda casa".

Essas significações apresentam como a política de cultura é tecida, ao tempo em que a experiência artística apresenta-se em múltiplas dimensões, que ultrapassam o domínio de "ocupar o tempo livre", no entendimento de públicos apenas como consumidores, restringindo as experiências ao espaço da sala de aula como processo formativo, no cumprimento da programação da instituição, desconsiderando o processo criativo dos públicos e suas demandas. Isso é expresso por um dos alunos da oficina de capoeira, quando diz: "Acho que o Teatro tem condições de agregar mais, poderia ter muito mais, porque o espaço tá aí, salas têm" (Lívio, aluno do Grupo de Capoeira Ginga Piauí).

Nesse sentido, o contexto democrático é inseparável da pluralidade, e as ações dessas instituições precisam estar atentas que apenas ofertar algumas práticas culturais e induzir o gosto não é suficiente, como também não é suficiente apenas o acesso físico a essas instituições. Possibilitar diálogos e suscitar nesses públicos gostar ou não de algumas linguagens, e, ao oportunizar códigos envolvidos em sua fruição, gerar oportunidade também de criar. Por isso, é importante atentar à necessidade de conhecer os públicos para uma formação de públicos *de* cultura (Barros, 2013), com atuação cidadã na construção de uma democracia cultural.

Inspirada na fala da dançarina da oficina de dança, Raylane, de 9 anos e, seguindo os passos de Lélia e Zora, concluo minha fala na insistência que é trilhar coletivamente no objetivo de construir existências e descolonizar perspectivas hegemônicas, então, para isso, "vou continuar sonhando" (e lutando).

Referências

BERNARDINO-COSTA, J.; MALDONADO-TORRES, N.; GROSFOGUEL, R. **Decolonialidade e pensamento afrodiaspórico**. Belo Horizonte: Autêntica, 2020.

BOURDIEU, P.; DARBEL, A. **O amor pela arte**: os museus de arte na Europa e seu público. 2. ed. 2018 (p.7), substituir por: Porto Alegre: Zouk; São Paulo: Edusp. 2017.

CARMO, F.D.S. do. **Povos de terreiro no contexto de intervenções urbanísticas**: territórios sociais de religiosidades de matrizes africanas na zona Norte de Teresina-PI e o Programa Lagoas do Norte – PLN. 2017. 316 f. Dissertação (Mestrado em Sociologia), Programa de pós-graduação em Sociologia, Universidade Federal do Piauí, Teresina, 2017.

FLEURY, L. **Sociologia da Cultura e das práticas culturais**. São Paulo: Senac, 2006.

LAHIRE, B. **A cultura dos indivíduos**. Tradução de Fátima Murad. Porto Alegre: Artmed, 2006.

MANTECÓN, A. R. O que é público? **Revista Poiesis**, n. 14, p. 175-215, dez. 2009. Disponível em: http://www.poiesis.uff.br/PDF/poiesis14/Poiesis_14_Publico.pdf. Acesso em: 5 jan. 2016.

NOBRE, E. A. C. Intervenções urbana em Salvador: turismo e "gentrificação" no processo de renovação urbana do Pelourinho. *In:* ENCONTRO NACIONAL DA ANPUR, 10., 2003, Belo Horizonte. **Anais** [...]. Belo Horizonte, 2003.

NORA, P. Entre memória e história: a problemática dos lugares. **Projeto História**, n. 10, p. 7-28, dez. 1993.

PEREIRA, Lucas Coelho. **Os reis do quiabo**: meio ambiente, intervenções urbanísticas e constituição do lugar entre vazanteiros do médio Parnaíba em Teresina-Piauí. 2017. 208 f. Dissertação (Mestrado em Antropologia Social)—Universidade de Brasília, Brasília, 2017.

SOUSA, N. J. e S. **Por dentro do teatro**: etnografia dos públicos da Cultura no Complexo Cultural Teatro do Boi em Teresina (PI). 2017. (Dissertação de Mestrado) – Programa de Pós-Graduação em Antropologia, Universidade Federal do Piauí, Teresina, 2017.

TERESINA. PREFEITURA MUNICIPAL DE TERESINA. SECRETARIA MUNICIPAL DE PLANEJAMENTO. **Relatório n.º 42668**, documento do Appraisal do projeto sobre a proposta de empréstimo para a PMT, referente ao Programa de melhoria da qualidade de vida e governança municipal – Programa Lagoas do Norte, 2008.

TERESINA. PREFEITURA MUNICIPAL DE TERESINA. **Relatório de Desempenho**, 2014. Programa Lagoas do Norte (PLN). SEMPLAN, 2014.

OLÁ, LÉLIA, OLÁ, ZORA: UM CONVITE PARA FALAR COMO SEGUIMOS SEUS [COM]PASSOS

Juliana Chagas

> *Oi, gente, bom dia. Então, para hoje não preparei um paper, tento trazer uma experiência mais intimista, pensando o que eu falaria se estivesse sentada, hoje, diante de Lélia Gonzalez e Zora Hurston, senão contar minha trajetória acadêmica até os caminhos que me trouxeram até a UnB.*

Então, começo dizendo que sou uma mulher negra nordestina, cearense, da capital do Ceará, com todas as especificidades que isso tem. Sou da capital do Ceará, que é a quinta capital do país, mas que em termos de antropologia não é reconhecida dessa forma, ainda, imagino. Comecei a minha trajetória nas ciências sociais já "tardiamente", digamos assim. Não sou a favor do etarismo, mas sei que a academia é de certa forma voltada para quem concluiu o ensino médio aos 18 anos, então a academia acaba sendo etarista, mas, quando olhamos para as pessoas que estão compondo ela, nós enxergamos que não é bem assim.

As pessoas retomam os seus estudos por razões múltiplas. Enfim, cada um vai ter as suas particularidades. Então, eu vim de um departamento da UFC, da Universidade Federal do Ceará, onde eu me bacharelei em ciências sociais. Nesse sentido, eu não fiz a licenciatura, porque eu gostaria de me formar o quanto antes, porque já "entro" com 25 anos de idade, então a licenciatura requer um ano e meio a mais de formação, daí eu fui para o bacharelado e descobri que gostava muito de fazer pesquisa. Mas, porque trabalhava, na época, num contexto bem insano de escala de trabalho, eu não conseguia fazer parte dos grupos de pesquisa. Com isso, acabei fazendo a minha trajetória de uma forma bem picotada, digamos assim, num outro ritmo. Acabei me formando em cinco anos, mas, ao me formar, ingresso no mestrado em antropologia, que estava na segunda turma, porque o departamento de ciências sociais da UFC é um departamento bastante antigo, bastante tradicional e bastante voltado para a sociologia. Este é o programa mais antigo também de lá, e é o que acaba mobilizando e trazendo a maior parte dos pesquisadores, professores e docentes para lá.

Mas, na época que eu estava prestes a me formar, em 2018, um grupo de professores que já vinham debatendo a abertura do mestrado em antropologia, conseguiu a aprovação e conseguiu a implementação junto à Universidade da Integração Internacional da Lusofonia Afro-Brasileira (Unilab). A Unilab nasceu em 2015, no Ceará, no município de Redenção, no interior, com um projeto de interiorização das universidades demandado pelos governos Lula e Dilma, durante os governos do PT. A universidade ali já começa suas atividades tendo o próprio curso de antropologia, e aí com essa associação entre ambas as universidades foi possível, então, implementar a pós-graduação em antropologia da UFC e da Unilab. Então, de certa forma eu faço parte dessa história, desse momento que marca a entrada da antropologia de uma forma mais voltada para pesquisa direcionada para antropologia no Ceará. Entro na segunda turma de antropologia e, até então, não tinha um repertório de autores negros, até porque, como eu disse, eu venho da UFC, um departamento extremamente tradicional. Então, entendam o que eu estou dizendo por tradicional, não era algo debatido, não existiam laboratórios, como hoje existem grupos de pesquisa voltados para pesquisa de relações raciais, de populações afro-brasileiras.

Na minha monografia (Silva Chagas, 2018) pesquisei um artista cearense, o artista Leonilson. Ele é um artista internacionalmente conhecido, mas curiosamente não é muito conhecido no Ceará. E aí eu fui descobrindo com o Leonilson como é ser um nordestino fora do Brasil, fui estudar a obra dele, e basicamente ele tinha como entendimento trazer o máximo de si pras suas obras, ele bordava, ele fazia esculturas, ele pintava quadros, ele era de uma família que migrou para São Paulo, conseguiu alguma ascensão financeira. Então, ele estudou em escolas de artes de São Paulo, e sempre trazia elementos do Nordeste em suas obras, porque sempre estava indo e voltando, como ele mesmo dizia, era um homem-peixe, que se movimenta fácil para todos os lugares, embora ao longo da sua vida ele contraia o HIV, e isso vai ser trazido também pras obras dele no final da década de 1990, final de 80 e 90, em que a aids e o HIV eram vistos como uma coisa só. Não se sabia nem qual era a separação entre aids e HIV, que é possível viver com HIV e não desenvolver a síndrome que leva à imunodeficiência. Mas naquela época ele contava o HIV dele de uma forma também protegida, porque vivíamos sob um contexto bem tenso de ditadura. Leonilson começa a produzir um audiodiário, porque ele quer deixar um documento do que havia vivido, e fazer do corpo dele um arquivo. Assim, vai falando como vai definhando corporalmente, como aquilo foi impactando a sua vida, porque a sua obra é o seu corpo ali exposto.

E aí eu entro no mestrado, e corta para o segundo semestre, quando vou ter a disciplina de teoria antropológica II, com a professora Vera Rodrigues. As disciplinas na Unilab eram divididas em módulos, então sempre tinha muitos professores ao longo de um mesmo semestre. Nesse semestre tive três professores, e a primeira foi a Vera Rodrigues. A Vera Rodrigues, para quem não sabe, é uma mulher preta do Rio Grande do Sul, antropóloga, reconhecida internacionalmente, estudou em Berkeley, nos Estados Unidos. É docente da Unilab e começou a dar aulas no programa de pós-graduação em antropologia. Ela sempre tem trazido nas suas ementas a pauta da descolonização.

Nós estávamos falando de cotas epistêmicas ontem, mas é um processo que muitos pesquisadores negros já vinham fazendo mesmo sem haver esse termo cotas epistêmicas. E ela traz uma bibliografia que primeiramente questiona a noção de centro/periferia. Acho muito perspicaz da parte dela, justamente por eu estar localizada no Ceará, que, em tese, é uma periferia do Brasil, em termos de regiões. Pelo menos para o Sudeste, porque para quem está lá não é, e para quem está em outras regiões do país também não é. E aí começo a ter contato com essa bibliografia em 2019, mas ao mesmo tempo muito ligada ainda com a minha pesquisa de graduação, sem saber muito bem o que iria fazer, e lá pelos meados da disciplina a Vera falou uma coisa para a turma.

Assim, a gente se via, muitos colegas meus se viam naquela angústia de não ter financiamento para suas pesquisas, por se tratar de um programa muito recente e um programa "periférico". Então, financiamento de pesquisa fora do estado, para realizar um campo extenso, não era algo que seria realidade ali naquele momento. Então, a gente se via angustiado, como iríamos fazer para fazer campo? Como seria, porque já estávamos no segundo semestre, e, no terceiro semestre, teoricamente, é o momento de ir a campo, e antes disso temos o momento da qualificação[19] lá; a grade curricular nesse ponto é bem diferente do programa de mestrado daqui da UnB.

E aí a professora Vera falou uma coisa que foi mais ou menos assim: vocês precisam se ater às estratégias que vocês podem desenvolver na pesquisa, quer dizer, vocês podem sair daqui com uma pesquisa que seja totalmente descolada da sua realidade e tá tudo bem, mas vocês também podem aproveitar essa oportunidade e tratar de uma realidade de difícil acesso para outros pesquisadores, em que vocês podem aproveitar o seu "fácil acesso", o seu acesso talvez mais possível para fazer uma pesquisa para falar do seu local, não necessariamente no sentido regional, mas em vários sentidos, de raça, de sexualidade, de corporificação, de processos de subjetivação.

---

[19] Qualificação é uma atividade obrigatória, que, no Programa Associado de Pós-Graduação em Antropologia da UFC-Unilab, ocorre no final do terceiro semestre letivo. Ali são apresentados os primeiros elementos da pesquisa de campo e debatidos por três pesquisadores pertencentes ou afins à área e ao tema da pesquisa do discente. Um desses pesquisadores é o/a orientador/a do discente, e os demais são convidados internos ou não ao programa. É um momento em que o discente poderá ter comentários sobre seu trabalho e poderá escolher melhor, a partir dessa espécie de mentoria, os caminhos a seguir na pesquisa e na escrita da sua dissertação.

Quem me orientou na graduação foi o professor Kleyton Rattes, e no mestrado também, então eu tinha uma ligação muito forte com a antropologia da arte, principalmente com os autores da antropologia da arte, que são bastante utilizados, que se propõem reflexões ainda muito pertinentes, como o Alfred Gell, o Tim Ingold e o Bruno Latour. E aí comecei a pensar. Então, vou fazer uma pesquisa com arte, porque, como eu gostava muito desse tema, era difícil para mim abandoná-lo, e nesses meus trânsitos da vida fui conhecendo as feiras de economia criativa. E aí, essa consideração da professora Vera martelou muito tempo na minha cabeça. Acho que não só na minha cabeça, mas na de muitos colegas meus.

Vera foi uma professora muito paradigmática, porque quando nós nos juntávamos para assistir à aula, em Redenção, nos deslocávamos de Fortaleza à Redenção, cerca de 60 quilômetros. E quando chegávamos à Unilab, tinha uma mesa posta de café da manhã pra gente, tinha sempre uma bela toalha de mesa, era sempre um convite, sabe? A aula era sempre um convite, era sempre muito prazerosa. Então, assim, a Vera Rodrigues é uma das principais referências nessa minha trajetória de escolha de pesquisa, e ela também é uma mulher negra, e eu queria trazer aqui também, se eu estivesse falando para Lélia e para Zora: "olha, eu tou aqui, e antes de mim tem, por exemplo, Vera Rodrigues".

E aí, é isso, fui, nos meus trânsitos, me aproximando da economia criativa e conheci a Aliciane Barros, que é a principal interlocutora da minha pesquisa de mestrado, numa dessas feiras. Foi muito impactante porque me pegava muito nessa dúvida de "ah, você vende peças de produtos africanos". Ah, tem a Lita Stephanie que também é uma produtora de moda, também da cidade de Fortaleza, ela é guineense mas mora em Fortaleza há muito tempo e também trabalha com tecidos africanos. E quando entrei em uma dessas feiras e comecei a olhar as coisas, uma coisa que me chamou muito a atenção foi: "mas o que é tecido africano?, será que tecido africano é tipo...". Parece que ali veio o problema de pesquisa. "Será que tecido africano é o tecido feito na África, é o trazido da África, ou é aquele manipulado por pessoas que vêm de África, por pessoas africanas?" E aí esse foi o meu problema de pesquisa. Quando realizei entrevistas com Lita Stephanie, aí entendi que a coisa era muito mais complexa, tinha uma noção de diáspora que eu ainda não conhecia, que precisava mergulhar nessa noção de diáspora para entender o tecido africano. E aí qualifiquei o problema de pesquisa [passei pela qualificação]. Fiz entrevistas com a Yasmin Djalo, que é produtora de turbantes com tecidos africanos que obtém com a Lita Stephanie.

Também realizei entrevistas em profundidade com a Patrícia Bittencourt, e percebia que dentro das heterogeneidades daquelas mulheres, tanto de origem, nacionalidade mesmo, porque a Lita é guineense e foi morar em Fortaleza, a Yasmin é fortalezense, mas é filha de pai guineense também e mãe brasileira, que já possui outros sentidos de negritude, e a Patrícia, que é cearense, aliás ela não nasceu no Ceará, mas foi criada no Ceará, então ela se identifica como cearense. Eu revisitei os contextos migratórios que trazem tantas heterogeneidades, mas tinha um ponto em comum para elas: era por meio do seu fazer artístico que era possível imprimir a sua negritude ali, materializar a sua negritude ali. Então, vi uma similaridade com o que o Leonilson tentava fazer nas suas obras.

E aí, qualifiquei, e, em seguida, veio a pandemia. Então, na época em que ia realmente fazer o campo, tudo parou, o mundo inteiro parou diante dos nossos olhos. E, teoricamente, eu teria que me formar até o final de 2020, e o que é que fiz? Acabei fazendo uma coisa que se assemelha muito ao que Zora fez — que pegou uma espingarda, pegou o seu carro e foi fazer pesquisa sem muito pensar, sem muito planejamento —, ela só queria fazer a pesquisa dela e tudo. E aí, acabei fazendo isso. Acabei indo fazer pesquisa durante a pandemia. Meu campo foi realizado durante a pandemia, fiz a pesquisa em campo. E aí, assim, preciso contextualizar que nessa época, que foi em julho de 2020, foi quando começou a reabertura do comércio em Fortaleza. E as coisas estavam aparentemente melhores. Tínhamos um governo que estava minimamente preocupado com a gestão da pandemia, considerando as adversidades e tudo, mas via que dentro do contexto brasileiro, o nosso [cearense] era

NEGRAS ANTROPOLOGIAS. ONDA NEGRA, MEDO BRANCO:
TECENDO CAMINHOS E ENFRENTAMENTOS FUTUROS

o que estava mais à frente. Com um cuidado e uma organização maior até com a própria vacinação.

E era uma reivindicação do comércio que se voltasse às atividades, porque as pessoas estavam ficando desempregadas, morando nas ruas e se endividando. Então, não tínhamos muito conhecimento sobre o que era a covid-19. Era todo um outro contexto, apesar de ser dois anos de diferença de hoje, era um contexto mais de "ah, já tá passando, né?". Não tínhamos a menor noção de que na verdade ainda ia durar, e muito. Fui a campo na pandemia e foi uma experiência muito interessante afinal de contas, porque senti na prática o cuidado. Estávamos todo mundo tentando entender aquele vírus, como não proliferá-lo, estávamos também nos autocuidando ali. Então, chego para fazer a pesquisa de campo e sou muito bem recebida na loja colaborativa CearAfro. Lembrei das aulas da professora Vera, a facilidade que eu tive e que poderia estar trazendo para a academia um contexto que quase não se conhece até em âmbito nacional, e trazer todos esses atravessamentos com diáspora, com nossas relações com o continente africano, as quais se desenvolve não somente por meio da dor, mas, sobretudo no caso das minhas interlocutoras, também por meio de peças de beleza, de estética, de coisas que trazem uma autoestima para mulheres, para crianças, ao se verem representadas nos espaços de uma forma bela.

E aí, ok, fiz o trabalho de campo e fiz a escrita da minha dissertação (Chagas, 2021) com o maior desejo de trazer o máximo de referências possíveis de pessoas negras, porque tive déficit. Enquanto na graduação, assim como quase todo mundo que falou aqui nesses dias mencionou, de que é uma coisa muito recente ainda, ainda estamos em processo sempre formativo. Busquei trazer o máximo possível de diálogo com autoras e autores negras e negros, mas, infelizmente, não conhecia Lélia Gonzalez nem Zora Hurston, e eu diria para elas: "infelizmente eu não conhecia vocês até aí". Só vim conhecer Lélia e Zora já no final de 2020, já fazendo seleção para o doutorado em antropologia, a partir do curso do Messias Basques, Vozes Negras na Antropologia, que foi mencionado aqui ontem pela Aline Miranda.

119

E, posteriormente, acabei ingressando no doutorado da Universidade Federal de Pernambuco (UFPE), primeiramente, e tive uma grata surpresa quando, no primeiro semestre, o professor Hugo Menezes trouxe uma ementa de Teoria Antropológica I que trazia Zora Hurston, numa proposta para conversar, para travar um diálogo com o seu orientador, Franz Boas. Fiquei pouco tempo na UFPE, porque depois tive a grata surpresa da minha aprovação aqui na UnB, e condizia mais com o campo que queria realizar no doutorado. Porque, no mestrado, estudei os sentidos de negritude que são autoinscritos na moda afro fortalezense, no doutorado queria entender as relações econômicas que via como uma linguagem muito própria daquelas mulheres. A linguagem do capitalismo, que é lucro, mais-valia, a ideia da formação do preço a partir do lucro, da venda com acréscimo, no contexto das interlocutoras do mestrado era muito mais negociado, era muito ambivalente e relacional, dependia muito de com quem se estava negociando.

Então, fiquei muito interessada nessa linguagem, como é que elas acabavam definindo e precificando as peças, mercadorias, moda afro depositária de processos de subjetivação e objetos de arte a um só tempo, mas como não tinha muita literatura de antropologia econômica para trazer, e também não era o objetivo da pesquisa naquele momento, ficou como um horizonte de pesquisa promissor. Eu acabava vendo muito como elas definiam, como elas negociavam o preço, a partir, também, mas não só, de quem elas estavam atendendo, de como principalmente a Aliciane, como gerente de uma loja colaborativa, poderia formar alianças para multiplicar essa rede que é multissituada, está presente no continente africano, em Redenção, em Fortaleza e se espalha também para outros locais mediante a clientela.

Então, não conhecia Lélia e Zora até ali. Fiquei conhecendo já nesse processo de entrada no doutorado, e percebi, assim, que precisamos retomar sempre, precisamos falar mais, inclusive, tanto da trajetória de Zora quanto da trajetória de Lélia, mas também das pesquisas que trouxeram. Ainda tem um déficit linguístico em relação às traduções dos textos da Zora, e também um preconceito com a linguagem que a Lélia trouxe, e que, na verdade, ela está falando de psicanálise, está dialogando diretamente com Lacan, está dialogando com grandes nomes da psicanálise europeia e dizendo que: bem, para a experiência europeia isso aqui funciona, mas, veja bem, para esse contexto aqui [brasileiro] é preciso toda uma outra linguagem psicanalítica. Então, é isso, gente, vim aqui mais para trazer a trajetória de uma mulher negra nordestina que gostaria de ter encontrado Lélia e Zora antes, mas estou aqui encontrando hoje, e fico muito feliz de estar compartilhando a mesa com outras mulheres negras pesquisadoras de origens e de regiões diversas, e que compõem o cenário de pesquisadoras brasileiras, as quais passei a conhecer a partir dos meus trânsitos até aqui. Espero também que a antropologia brasileira seja um lugar bem mais diverso, que esse centro se desloque e que possamos ter uma complexidade maior para a produção de conhecimento antropológico.

Referências

BARROS, J. M. Algumas anotações e inquietações sobre a questão dos públicos de cultura. *In:* ENCONTRO INTERNACIONAL PÚBLICOS DE CULTURA, 2014, São Paulo. **Anais [...]**. São Paulo: SESC SP, 2013.

CHAGAS, J. S. **As formas de autoinscrição na moda afro fortalezense.** 2021. 198 f. Dissertação (Mestrado em Antropologia) – Programa Associado de Pós-Graduação em Antropologia UFC/UNILAB, Universidade da Integração Internacional da Lusofonia Afro-Brasileira/Universidade Federal do Ceará, Redenção/Fortaleza, 2021.

SILVA CHAGAS, J. **Leonilson, um mergulho antropológico.** 2018. 72 f. Trabalho de Conclusão de Curso (Bacharelado em Ciências Sociais) – Departamento de Ciências Sociais, Universidade Federal do Ceará, Fortaleza, 2018.

ISSO NÃO É UMA AUTOETNOGRAFIA!

Ana Clara Damásio

Quando eles falam, é científico;
quando falamos, não é científico.
Quando eles falam, é universal;
quando falamos, é específico.
Quando eles falam, é objetivo;
quando falamos, é subjetivo.
Quando eles falam, é neutro;
quando falamos, é pessoal.
Quando eles falam, é racional;
quando falamos, é emocional.
Quando eles falam, é imparcial;
quando falamos, é parcial.
Eles têm fatos, nós temos opiniões.
Eles têm conhecimentos, nós temos experiências.
Não estamos lidando com uma "coexistência pacífica de
palavras" mas com uma hierarquia violenta, que define
quem pode falar e quem pode produzir conhecimentos.

(Grada Kilomba em Decolonizing knowledge, 2015,
tradução livre)[20]

Em 2019 me vi fazendo etnografia entre minhas parentes-
-interlocutoras (Damásio, 2020). Mais especificamente entre as
mulheres da minha família materna com quem pesquisei, partilhei
vida, afetos, palavras, compreensões sobre nosso fazer-família e
nossas formas de viver entre Canto do Buriti (PI), Distrito Federal
(DF) e São Paulo (SP). Por muito tempo em campo e no momento
da escrita da dissertação acreditei que precisava me distanciar das
minhas parentes-interlocutoras para que eu pudesse compreen-
dê-las (e também compreender o que eu estava fazendo com/na

---

[20] Esta fala-manifesto deu origem ao artigo 'Isso não é uma autoetnografia!', publicado na Media-
ções – Revista de Ciências Sociais, Londrina, v. 27, n. 3, p. 1–14, 2022.

antropologia). Mas Leach (1996) deixou a preciosa lição de que não é a teoria antropológica que atualiza o campo, mas sim o campo que atualiza a teoria vigente e a complexifica. É importante levar em consideração as exigências feitas pelo campo, ao mesmo tempo que nos fragilizamos para repensar o que de fato esse mesmo campo está gritando para nós.

No meu caso etnográfico o chacoalhão foi literal. Em um dia de campo com minha família, mais especificamente com minha mãe, passamos por um imbróglio que mobilizava questões éticas de parentesco e que eram, por conseguinte, etnográficas para o meu contexto de pesquisa. Ela me disse de forma veemente enquanto discutíamos sobre um segredo de família (Damásio, 2021c) que descobri em campo e com cuja divulgação não concordei, por parte dela, para toda a família: "Você fica falando como se não fosse da família!". O chamado era para que eu passasse a olhar com o "olho de parente", e não continuar tentando olhar para a vida entre minhas parentes-interlocutoras com o "olho estranho" (Damásio, 2021b). Era um chamado para que eu me aproximasse, e não para que eu me distanciasse. Após esse dia, questões teóricas que tocavam em temáticas relacionadas a distanciamento, neutralidade, cientificidade, objeto de pesquisa, sujeito e afins ganharam espaço nas minhas reflexões.

Com isso, outro cenário emergiu, o processo editorial e as tentativas de publicação dos meus resultados de pesquisa ao longo do doutorado. Mesmo estando nas duas posições (a de quem emite e recebe parecer), é estranho que eu seja um sujeito sem rosto nesse processo editorial de trocas de ideias, reflexões, aceites e recusas. Enquanto parecerista, quando envio um parecer eu também sou aquela sem rosto para aquele que irá receber meu parecer. Eu sou anônima. Já enquanto autora que recebe um parecer, eu sou aquela que dialoga com alguém sem história, corpo, intenções, raça, gênero e sexualidade. Essa troca entre parecerista e autor é um processo que perpassava tudo o que me tensionava em campo e fora dele (distanciamento, neutralidade, cientificidade, objeto de pesquisa e sujeito). Entretanto, percebi com o tempo que, por meio do meu texto e da minha posicionalidade no meu texto como uma mulher negra de pele clara, filha de proletários e migrantes nordestinos, como primeira universitária da família, como aquela que um dia receberá o título de "doutora", eu era lida, vista e posicionada conscientemente (ou não) pelos pareceristas (por mais que meu nome não ali estivesse e tampouco meu rosto).

Narrar sobre minhas parentes-interlocutoras exigia que eu me posicionasse, mas o que os pareceristas achariam disso? Esta fala-manifesto nasce desse processo editorial onde tive que formular longas respostas ao longo dos últimos anos para uma exigência que sempre me era feita nos pareceres que eu recebia: "O que você faz é uma autoetnografia!". Pelo rápido cenário que apresentei (e apresentarei mais adiante), eu era o tempo todo inscrita na "autoetnografia", por mais que eu não ambicionasse essa posição. Havia mais, pois eu conhecia a literatura sobre a autoetnografia e decidi que, mesmo ao lidar com um nível de alteridade muito próxima ao pesquisar minhas parentes-interlocutoras, eu afirmava, por meio de diálogos, ferramentas metodológicas e reflexões, que eu estava fazendo uma etnografia. Entretanto, nada disso soava suficiente para os pareceristas. O que seria então?

Esta fala tem a intenção de refletir sobre as condições e demandas contemporâneas dentro do processo editorial, fazendo com que pensemos a partir de uma etnografia da aproximação (Damásio, 2021). Ao mesmo tempo, procuro mostrar que o processo editorial, o diálogo com pareceristas e as respostas que formulamos podem trazer reflexões não apenas sobre nossa pesquisa, mas também sobre como somos **inscritas** em determinados campos pelos nossos pares. Também é minha intenção esgarçar os sentidos do processo de produção do conhecimento antropológico, levando em conta suas limitações e lógicas de funcionamento.

Esta manifestação eclode de um diálogo íntimo com o ensaio de Zora Hurston (2019 [1950], p. 106–107) intitulado *O que os editores brancos não publicarão*. Nele, a autora considera o mundo editorial de forma particular. Trago uma reflexão da autora para dar o pontapé inicial e o tom que esta fala terá. É importante, ainda, que fiquemos com esta história da Zora:

> Um Negro escolarizado ainda não é uma pessoa como qualquer outra, mas apenas um problema mais ou menos interessante. Isso lembra uma história do tempo da escravidão. Nesta história, um mestre com mais curiosidade intelectual do que o habitual, começou a ver o quanto ele poderia ensinar a um escravo particularmente brilhante. Quando o levou a compreender a matemática e a adquirir fluência em latim, ele chamou um vizinho para mostrar seu brilhante escravo, e para argumentar que os Negros tinham cérebros, assim como os proprietários de escravos. Dadas as mesmas oportunidades, seriam iguais. O vizinho olhou e escutou, tentou pregar uma peça no escravo letrado em álgebra e latim, mas sem sucesso. Contrariado, disse: "Sim, ele certamente conhece matemática, e ele pode ler latim melhor do que muitos homens brancos que eu conheço, **mas não consigo acreditar que entenda qualquer coisa do que ele está fazendo.** É tudo uma imitação da nossa cultura. Tudo está fora (de lugar). No mínimo, você é louco se acha que isso o mudou por dentro. Solte-o e ele voltará imediatamente para a selva. Ele ainda é um selvagem, e nenhuma quantidade de traduções de Virgílio e Ovídio mudarão quem ele é. Na verdade, tudo o que você tem feito é transformar um selvagem útil em uma fera perigosa (ênfase em negrito dada por mim).

A partir desse cenário apresentado por Zora, dei ênfase à parte em que um homem branco afirma que: "Não consigo acreditar que ele entenda qualquer coisa do que ele está fazendo". Volto então para a discussão que toca na **inscrição** do "Outro". A ciência é feita com inúmeros marcadores sociais das diferenças, assim como nossos textos, escolhas teóricas e metodológicas. A ciência tem classe, endereço, gênero, raça e sexualidade. Não podemos lidar como se nossos textos, vidas e produções fossem "arracializadas", por exemplo (Venancio; Silva, 2021). A divisão entre o sujeito que conhece e o sujeito que está lá para ser conhecido é impossível de ocorrer quando o "Outro" sou eu, por isso a etnografia entre parentes-interlocutoras fornece outras concepções de como a etnografia pode ser operacionalizada, como ela pode e deve ser realizada. Não há como separar sujeito conhecedor, do sujeito a ser conhecido — o "Outro" sou Eu. É justamente por isso que frequentemente sou questionada acerca da "objetividade" com a qual realizei minha etnografia. Afinal, não é possível conhecer de forma "verdadeira" um campo no qual você está muito imerso, mas a imersão no campo não é uma prerrogativa para a execução de uma boa etnografia? Você é o nativo daquilo que vive, você precisa que um "Outro" de fora te conheça de forma objetiva. O poder de **escrever** sobre o "Outro" é também o poder de **inscrever** o "Outro" (Asad, 1973; Clifford, 1986). Ao mesmo tempo, como coloca Grada Kilomba (2020, p. 80), "toda vez que sou colocada como 'Outra', estou experienciando o racismo, porque eu não sou a 'Outra'. Eu sou eu mesma".

Esse é o momento em que ao pesquisar minhas parentes--interlocutoras sou colocada em novas classificações ao tentar dialogar com a academia. Aqui irei me referir especificamente às reflexões que obtive com as interlocuções travadas com pareceristas em submissões que realizei ao longo de 2020 e 2021 em revistas acadêmicas de antropologia.

Constantemente era-me imputado, por parte dos pareceristas, que meu trabalho era uma autoetnografia, por mais que em nenhum momento eu dissesse que realizava uma autoetnografia. Me era cobrado o diálogo com essa bibliografia, por mais que eu não quisesse fazer. "Onde está a autoetnografia?", me era posto. Bom, mas em nenhum momento coloquei nos meus textos que pretendia dialogar com o conceito de "autoetnografia" em suas mais diversas inflexões (Goldschmidt, 1977). Para fazer uma autoet-nografia é preciso que o pesquisador possua a intenção de usá-la como método de pesquisa e/ou ferramenta analítica. Não era meu caso. Então de onde vinha a intenção de me colocar ao lado da "autoetnografia"? Minha questão-problema jamais foi com a autoetnografia. Se um dia fosse preciso utilizá-la como ferramenta de pesquisa e fizesse sentido para mim, era óbvio que eu recorreria a esse diálogo, mas não fazia sentido para minha perspectiva e eu afirmava que mesclava a compreensão da etnografia enquanto "descrição densa" (Geertz, 2008) e "teoria vivida" (Peirano, 2014) para efetuar minha pesquisa. Ainda era insuficiente para alguns pareceristas.

A autoetnografia possui uma potencialidade incrível para o desenvolvimento de pesquisas. Vemos isso, por exemplo, com Iêda Figueiró (2021), que realizou uma autoetnografia em que buscou refletir sobre a própria trajetória enquanto travesti. Sua argumentação seguia um pêndulo riquíssimo que passava do nível individual e subjetivo ao coletivo. Fabiene Gama (2020) também utilizou a autoetnografia para analisar as próprias experiências enquanto pessoa diagnosticada com esclerose múltipla e paciente ativa, testando então os limites intelectuais e afetivos da produção de conhecimento. Contudo, essa nunca foi a minha intenção, mas minha intenção valia algo nessa relação de submissão com alguém (parecerista) sem rosto?

Outra questão surge nesse momento, eu tinha um rosto no meu texto. Era um rosto compartilhado. Estava lá também a nossa origem piauiense e a trajetória das minhas parentes enquanto empregadas domésticas e lavradoras. Apesar de eu não ver os rostos dos pareceristas, eles me viam, classificavam, racializavam e em algum momento associavam o fato de eu falar sobre minhas parentes-interlocutoras à autoetnografia. O que tem a ver uma coisa com a outra? Por que surgiam comentários como: "Recomendo fortemente algumas referências importantes para um mergulho mais profundo na autoetnografia"; ou então, "Parece que o artigo é essencialmente um ensaio autoetnográfico, e não tanto etnográfico. Num ensaio autoetnográfico é perfeitamente aceitável a deam-bulação da autora pelos processos de consciência". Eles sabiam do meu texto, da minha intenção e do que eu precisava, mais do que eu mesma. Ou supunham fortemente saber qual caminho eu deveria seguir e com qual teoria eu deveria dialogar.

A autoetnografia, nessa situação específica, serve para **inscrever** determinados corpos, pesquisas e temáticas em determinados espaços, por mais que esses mesmos corpos não queiram estar ali. E essa inscrição pode ser extremamente violenta, pois inscreve de forma sutil que nós (indígenas, negros, ciganos, quilombolas) somos "quase da família" (Dias, 2019) para a antropologia, somos quase antropólogos, somos contaminados demais por aquilo que pesquisamos e assim não poderíamos verdadeiramente conhecer — ou saber o que estamos fazendo, com quem estamos dialogando, quais caminhos queremos seguir com nossas próprias pesquisas.

É importante ponderar aqui como Gilberto Velho (2012) pesquisava no próprio condomínio e com histórias sobre as empregadas domésticas que passaram por sua casa. A maioria das empregadas citadas pelo autor eram negras e derivavam de contexto nordestino, mas a empregada que mais tempo ficou em sua casa era justamente uma que não tinha filhos e tampouco marido. Deja, como era chamada, trabalhou durante trinta e cinco anos em sua casa e era considerada uma "cozinheira de forno e fogão". Entretanto, ao Deja envelhecer, se aposentou pelo INSS[21] e nas palavras do autor "retirou-se do serviço cansada e com problemas de saúde". Em seguida o autor narrou os desafios em encontrar uma nova empregada doméstica.

Mesmo dentro dessa especificidade de pesquisa do autor de dentro de casa, da varanda, com a empregada doméstica que fazia parte do seu cotidiano próximo, seu trabalho não é qualificado como "autoetnografia". Muito pelo contrário! Ele é posto como um dos maiores nomes da antropologia brasileira. Suas proposições foram — e ainda são — compreendidas como uma das descrições mais reais e fidedignas do Brasil. Laura Nader (2020) conclama, em seu riquíssimo artigo intitulado "Para cima, Antropólogos", com intuito de indicar que os antropólogos devem estudar também

---

[21] Instituto Nacional do Seguro Social.

as elites. E ela indica ali a necessidade de antropólogos ricos da elite aproveitarem seu acesso ao campo para realizar essas pesquisas. Isso seria autoetnografia? Minha intenção não é resolver essa questão, mas apontar no momento como alguém "de baixo" experimenta essa **inscrição** não desejada. Dentro do que foi posto até aqui, fica visível que a autoetnografia pode ser utilizada como argumento, dispositivo e ferramenta para localizar o "Outro" que pesquisa o "Outro", ou para aquele que está próximo demais daquele com quem pesquisa e etnografa.

Ao mesmo tempo, é colocado que esse "Outro" não pode ter autonomia suficiente para saber como travar o próprio caminho intelectual, conexões e escolhas. O que esses mesmos pareceristas parecem esquecer é que os dados etnográficos não existem ou estão dados na realidade, eles ocorrem na/com a relação entre pesquisador e aquilo que pretende conhecer. Assim, quem determina o que é autoetnografia ou etnografia é o antropólogo-etnógrafo-pesquisador, e não o contrário.

Estaríamos nós, antropólogos-etnógrafos-pesquisadores que pesquisamos-dialogamos-etnografamos nossas próprias famílias, aldeias, comunidades, mistificados por nós mesmos? Essa é uma pergunta que não será respondida por mim aqui, pois ela não poderia ser considerada sem colocar a elite intelectual branca da antropologia também em perspectiva. Estariam esses intelectuais mistificados ainda pelos pressupostos (mesmo que inconscientes) de que é a distância que constrói conhecimento? Ou é puro racismo epistêmico que delimita quem são os "verdadeiros" produtores de conhecimento e os reprodutores de experiências? Como Grada Kilomba (2015), que abriu a presente fala, coloca, não vivemos na antropologia brasileira uma "coexistência pacífica de palavras", muito pelo contrário. Ainda lidamos com uma "hierarquia violenta, que define quem pode falar e quem pode produzir conhecimentos" e como ele pode-deve ser produzido. Como pondera Abdias Nascimento em entrevista ao site Des Informémonos (Moncau; Pimentel, 2010), costumam descrever o racismo "como sutil, mas isso é um equívoco. Ele não é nada sutil, pelo contrário, para quem não quer se iludir ele fica escancarado ao olhar casual e superficial".

Hoje eu responderia ao parecerista que me recomendou "um mergulho mais profundo na autoetnografia" que não preciso desse mergulho, pois já estive nessas águas e não senti que necessitava nelas estar ou permanecer. Ao segundo parecerista, que pontuou que meu texto era "essencialmente um ensaio autoetnográfico, não tanto etnográfico"; e que apenas num "ensaio autoetnográfico é perfeitamente aceitável a deambulação da autora pelos processos de consciência"; eu teria que afirmar que discordo dele e aponto os erros de tais colocações. Começo com a segunda colocação, pois a perambulação pela consciência é a base da feitura de todo e qualquer texto etnográfico. Ao mesmo tempo, qual texto etnográfico não é também autoetnográfico? Já deveria ter ficado marcado, com a história da antropologia, que todo texto é criado enquanto verdade parcial (Clifford, 1986), mas o que precisa haver é um reconhecimento de que eles "são também verdades posicionadas" (Abu-Lughod, 2018, p. 198). É preciso salientar também que há formas dignas e indignas de construir as "verdades" escritas e que "os processos de alteridade radical são meramente métodos de exclusão e hierarquização por outro caminho" (Moore, 1996). E, como considerou o autor nigeriano Chinua Achebe (2000, p 33), embora toda "ficção seja indubitavelmente fictícia, ela também pode ser verdadeira ou falsa". Falo também da integridade ao se posicionar e ao ser posicionado academicamente.

É por isso que ao realizar uma etnografia entre parentes-interlocutoras e vê-las apontar que era preciso ver como parente e estar ali como parente para entender como parente, vislumbro hoje que elas me pediam para deixar a distância para lá. Foi preciso entrar na casa da minha avó Anita (76 anos) para conhecer, foi preciso conversar e escutar para compreender, foi preciso me aproximar dos dados, das nossas fotografias de família, dos nossos encontros, da nossa história, para que fosse possível compreender como fazer-família e fazer-etnografia ao mesmo tempo (Damásio, 2020). E mais, era preciso não viver esses dois processos como separados, mas como prismas que se retroalimentavam e que são separados apenas em nível conceitual para melhor elaboração textual.

Eu estava, definitivamente, seguindo e levando minhas parentes-interlocutoras a sério, como todo antropólogo deveria fazer. Ao mesmo tempo, como pontuei, isso poderia ser encarado pelos meus pares como uma posição perigosa, pouco científica e pouco objetiva para produzir conhecimento antropológico e etnografias. É preciso que os antropólogos acostumados a criar distâncias entendam que é possível (para nós negros, indígenas, quilombolas e ciganos) produzir conhecimento por meio da proximidade. É preciso que eles façam o exercício de nos levar a sério também quando dizemos o que estamos fazendo. Afinal, se contemporaneamente é um consenso que a antropologia deve se abrir para "novas epistemologias", a intenção desta fala-manifesto é ponderar como isso tem ocorrido, pelo menos em nível editorial, e apontar que talvez ele não esteja presente apenas ali. Muito obrigada!

Referências

ABU-LUGHOD, L. A escrita contra a cultura. Tradução de Francisco Cleiton Vieira Silva do Rego e Leandro Durazzo. **Equatorial**, Natal, v. 5, n. 8, p. 193-226, 2018.

ACHEBE, C. **Home and exile**. New York: Anchor Books, 2000.

ADAMS, T.; ELLIS, C.; JONES, S. **Autoethnography**: understanding qualitative research series. New York: Oxford University Press, 2015.

ASAD, T. **Anthropology and the colonial encounter**. New York: Humanities Press, 1973.

BOCHNER, A. **Composing ethnography**: alternative forms of qualitative writing. Walnut Creek: AltaMira Press, 1996.

BOCHNER, A.; ELLIS, C. Autoethnography, personal narrative, reflexivity. *In*: DENZIN, N.; LINCOLN, Y. (org.). **Handbook of qualitative research.** Thousand Oaks: Sage, 2000. p. 733-768.

CLIFFORD, J. Introduction: partial truths. *In*: CLIFFORD, J.; MARCUS, G. E. (ed.). **Writing culture**: the poetics and politics of ethnography. California: University of California Press, 1986a. p. 1-26.

DAMÁSIO, A. C. S. Etnografia em Casa: entre parentes e aproximações. **Pós:** Revista Brasiliense de Pós-Graduação em Ciências Sociais, Brasília, v. 16, v. 2, p. 1-32, 2021a.

DAMÁSIO, A. C. S. **Fazer-Família e Fazer-Antropologia**: uma etnografia sobre cair pra idade, tomar de conta e posicionalidades em Canto do Buriti-PI. 2020. 206 f. Dissertação (Mestrado em Antropologia Social) – Universidade Federal de Goiás, Goiânia, 2020.

DAMÁSIO, A. C. S. Olho de parente e o olho estranho: considerações etnográficas sobre viver, olhar, ouvir, escrever e permanecer. **Novos Debates**, Brasília v. 7, n. 1, e7103, 2021b.

DAMÁSIO, A. C. S. Voltando para a origem: considerações sobre o campo entre parentes e os segredos de família. **Revista Calundu**, Brasília, v. 4, n. 2, p. 183-197, 2021c.

DIAS, L. de O. Quase da família: corpos e campos marcados pelo racismo e pelo machismo. **Humanidades & Inovações**, Palmas, v. 6, n. 16, p. 8-12, 2019.

FIGUEIRÓ, I. **Do íntimo ao coletivo**: figueira infinita em busca da plenitude ontológica. 2021. 181 f. Dissertações (Mestrado em Antropologia Social) – Universidade Federal de Goiás, Goiânia, 2021.

GAMA, F. A autoetnografia como método criativo: experimentações com a esclerose múltipla. **Anuário Antropológico**, Brasília, v. 45, n. 2, p. 188-208, 2020.

GEERTZ, C. Uma descrição densa: por uma teoria interpretativa da cultura. *In*: GEERTZ, C. **A interpretação das culturas**. Rio de Janeiro: LTC, 2008. p. 3-21.

GOLDSCHMIDT, W. Anthropology and the coming crisis: an autoethnographic appraisal. **American Anthropologist**, Washington, v. 79, n. 2, p. 293-308, 1977.

GRIFFIN, R. A. I am an angry black woman: black feminist autoethnography, voice and resistance. **Women's Studies in Communication**, Philadelphia, v. 35, n. 2, p. 138-157, 2012.

HURSTON, Z. N. O que os editores brancos não publicarão. **Ayé**: Revista de Antropologia, Acarape, v. 1, n. 1, p. 106-111, 2019.

KILOMBA, G. **Decolonizing Knowledge**. [*S. l.: s. n.*], 2015. Disponível em: https://www.goethe.de/mmo/priv/15259714-STANDARD.pdf. Acesso em: 10 nov. 2022.

KILOMBA, G. Dizendo o indizível: definindo o racismo. *In*: KILOMBA, G. **Memórias da plantação**: episódios de racismo cotidiano. Rio de Janeiro: Cobogó, 2020. p. 71–92.

LEACH, E. **Sistemas políticos da Alta Birmânia**. Tradução de Geraldo Gerson de Souza, Antonio de Pádua Danesi e Gilson César Cardoso de Souza. São Paulo: Edusp. 1996.

MONCAU, J.; PIMENTEL, S. **Abdias do Nascimento**: um século de luta negra. [*S. l.*]: des Informémonos, 2010. Disponível em: https://desinformemonos.org/abdias-do-nascimento-um-seculo-de-luta-negra/. Acesso em: 10 nov. 2022.

MOORE, H. **The future of anthropological knowledge**. New York: Routledge, 1996.

NADER, L. Para cima, antropólogos: perspectivas ganhas em estudar os de cima. **Revista Antropolítica**, Niterói, n. 49, p. 328–356, 2020.

PEIRANO, M. Etnografia não é método. **Horizontes Antropológicos**, Porto Alegre, ano 20, n. 42, p. 377-391, 2014.

REED-DANAHAY, D. Introduction. *In*: REED-DANAHAY, D. **Auto/Ethnography**: Rewriting the Self and the Social. New York: Berg, 1997.

VELHO, G. O patrão e as empregadas domésticas. **Sociologia, Problemas e Práticas**, Lisboa, n. 69, p. 13-30, 2012.

VENANCIO, V.; SILVA, J. L. e. O Problema I: nada será como antes, amanhã: antropólogues negras/os movendo a antropologia brasileira. **Novos Debates**, Brasília, v. 7, n. 2, e7221, 2021.

COTAS EPISTÊMICAS E OS DESAFIOS DE UMA ESCRITA DESCOLONIZADORA NA ANTROPOLOGIA

Aline Miranda

Este texto foi proferido na mesa-redonda "Cotas epistêmicas, desafios e diálogos teóricos", do VI Negras Antropologias, "Onda negra, medo branco": tecendo caminhos e enfrentamentos futuros, realizado nos dias 16, 17 e 18 de novembro de 2022, no Instituto de Ciências Sociais da Universidade de Brasília. Agradeço aos colegas do Coletivo Zora Hurston pelo convite, pela organização do evento e desta publicação, à Rose Santos Kalunga pela mediação da mesa-redonda e por todo o carinho comigo e aos colegas que expuseram suas falas ao meu lado durante o evento. A cada ano que passa tem sido uma alegria imensa ver o Coletivo Zora cada vez mais fortalecido e propositivo. Esta publicação é uma das materializações dessa força!

Neste ano (2022), celebramos 10 anos da Lei de Cotas (Lei n.º 12.711, de 29 de agosto de 2012, que dispõe sobre o ingresso nas universidades federais e nas instituições federais de ensino técnico de nível médio e dá outras providências) e sabemos que são muitos os desafios de sua efetiva implementação no Brasil. Inclusive, abordar o tema das cotas epistêmicas é um importante desdobramento das reflexões sobre a implementação das políticas de ações afirmativas no ensino superior.

Quando eu parei para elaborar a minha comunicação de hoje, eu fiquei pensando que talvez eu não fosse a pessoa mais adequada para falar do assunto, justamente por não estar me dedicando ao estudo do tema de forma direta, apesar de ser uma pessoa comprometida com essa questão nas minhas práticas acadêmicas cotidianas. Então, eu acredito que a minha fala vai trazer mais questões do que respostas para o nosso debate.

Alguns de vocês certamente já me ouviram falar de epistemologias negras e descolonização do pensamento. Particularmente, o modo como essas epistemologias são fundamentais para a antropologia no que tange, sobretudo, ao debate sobre alteridade e produção da diferença (Miranda, 2020). E, obviamente, todas as minhas falas nesse sentido abordavam a necessidade urgente de mudança nos nossos currículos de ciências sociais e antropologia, tanto na graduação quanto na pós-graduação[22]. Hoje, porém, eu quero fazer um pouco diferente e tentar ir além disso. Na verdade, não exatamente ir além, mas pautar uma dimensão que eu pelo menos ainda não abordei publicamente, que está relacionada à minha escrita. Na tentativa de abstrair para algo mais amplo do que a minha própria escrita, isso que eu quero discutir hoje se relaciona com os efeitos do nosso contato com as epistemologias negras no nosso modo de escrever. Por que eu resolvi falar disso?

Há poucas semanas eu estava finalizando a escrita de um projeto para concorrer a um edital de financiamento de pesquisa de campo e compartilhei o texto com Helena Assunção, uma amiga antropóloga, que me fez uma crítica certeira. Ela me perguntou por que eu deixava apenas para o final do projeto a informação de que eu era uma mulher negra e que o tema da minha atual pesquisa de doutorado (práticas de nomeação de pessoas em Gaza, região sul de Moçambique) emergiu a partir das minhas reflexões sobre questões raciais, mais especificamente sobre como ser negra me fez ter uma experiência em campo, que me possibilitou chegar nesse tema de pesquisa, que se relaciona em última instância com os debates sobre constituição de pessoas e de parentes na antropologia. Essa minha amiga me disse mais ou menos assim:

---

[22] Em novembro de 2020, fiz uma exposição sobre o tema na Mesa de Abertura "Coletivos Negros, ensino superior e contribuições para uma agenda antirracista" do IV Negras Antropologias, que foi organizado em parceria com os Coletivos: Marlene Cunha, formado por estudantes negres do Programa de Pós-Graduação em Antropologia Social do Museu Nacional da Universidade Federal do Rio de Janeiro e o Negras e Negros do CSO da Universidade Federal do Espírito Santo. A gravação da mesa foi transformada em um episódio do podcast "Negras Antropologias Cast".

> Eu não sei se essa questão racial deveria ou poderia ficar só no parágrafo final, sabe? É meio difícil de você conseguir elaborar isso em um negócio tão rápido assim como um projeto. Mas, tipo assim, esse negócio todo parte de uma experiência em que você estava sendo nomeada no trabalho de campo, quando você já começou a fazer reflexões sobre como ser negra nesse trabalho de campo alterou algumas coisas. Então, isso aí entra na própria questão como um todo, ou minimamente, ou pelo menos em algum aspecto central da própria pesquisa, e não apenas no final. Se você conseguir fazer isso, acho que pode ser mais potente[23].

Sem dúvidas, ela estava completamente correta e a partir dessa provocação eu fiz algumas mudanças no que eu já tinha escrito, mas desde então é como se eu estivesse com uma pulga atrás da orelha, uma inquietação. Eu fico me perguntando, por que ainda continua sendo tão desafiador escrever de uma forma diferente? Ou seja, por que ainda é tão desafiador internalizar, ou melhor, externalizar uma ciência produzida por corpos não hegemônicos, especificamente por corpos negros?

A resposta para essa pergunta pode ser dada com apenas uma palavra: racismo. Racismo estrutural, institucional e epistêmico. Não é à toa que o desenrolar da conversa com a minha amiga foi justamente sobre como pode ser doloroso, incômodo e desgastante falar de experiências raciais, sobretudo quando o limite de caracteres não é muito grande e não há garantias de que o leitor que está esperando o nosso texto do outro lado terá alguma sensibilidade e conhecimento para ler as nossas palavras[24]. Daí o nosso medo de escrever. E aqui me valho da mesma queixa da Grada Kilomba (2019, p. 66) que diz o seguinte: "Para quem devo escrever? E como devo escrever? Devo escrever contra ou por alguma coisa? Temo

---

[23] Comunicação pessoal. [s.l], [s.d.].

[24] Agradeço à Helena por todas as trocas até aqui. Além da amizade, construímos uma parceria acadêmica que perpassa toda a nossa trajetória de pesquisa em Moçambique. É uma dádiva contar com seus comentários atenciosos e produtivos sobre os meus escritos. Sem dúvidas, Helena é uma grande aliada da luta antirracista!

escrever, pois mal sei se as palavras que estou usando são minha salvação ou minha desonra. Parece que tudo ao meu redor era, e ainda é, colonialismo". Eu adoro esse trecho do livro dela, inclusive foi a epígrafe da minha dissertação de mestrado.

Além do medo, há ainda uma lacuna no nosso referencial teórico e é aqui que eu reformulo a minha questão anterior. Substituo o "por quê?" por "como?". A nova pergunta, portanto, seria mais ou menos assim: como superar o desafio de colocar no papel a nossa episteme, o nosso conhecimento verdadeiro? E, para mim, a resposta está nas cotas epistêmicas. Ou seja, precisamos conhecer para ter inspiração e assim saber colocar no papel, assim saber escrever de uma outra maneira.

Mas, afinal, o que são as cotas epistêmicas na prática? Para nós que estamos aqui esse termo pode não gerar muitas dúvidas, mas desconfio que isso ainda é pouco compreendido pela maioria dos acadêmicos. O nosso professor José Jorge de Carvalho[25], por exemplo, considera o Encontro de Saberes como cotas epistêmicas. Ou seja, a inclusão na docência dos mestres e mestras dos saberes tradicionais indígenas, afro-brasileiros, das culturas populares, como uma estratégia de superação da colonização epistêmica das nossas universidades e do eurocentrismo que insiste em ditar as regras das nossas grades curriculares. Todo o trabalho que ele e outros docentes estão fazendo aqui na Universidade de Brasília e em outras universidades do Brasil responde ao questionamento que ele fez há anos sobre a possibilidade da universidade atuar de forma multiepistêmica.

E aqui eu abro um parêntese para citar o trabalho da nossa colega querida Beatriz Martins Moura, a quem eu tenho o orgulho imenso de chamar de amiga. Ela estaria aqui nesta mesa conosco,

---

[25] José Jorge de Carvalho é professor titular no Departamento de Antropologia da Universidade de Brasília, onde coordena o INCT — Instituto Nacional de Ciência e Tecnologia e Inclusão no Ensino Superior e na Pesquisa, do Ministério de Ciência e Tecnologia e do CNPq. Seu trabalho como antropólogo se desenvolve principalmente nas seguintes áreas: Etnomusicologia, Estudos Afro-brasileiros, Estudo da Arte, Religiões Comparadas, Mística e Espiritualidade, Culturas Populares, e Ações Afirmativas para os Negros e Indígenas.

mas por motivos maiores ela simplesmente está no Egito agora, acompanhando a Conferência das Nações Unidas sobre o Clima. Em sua tese de doutorado (Moura, 2021), ela fala da universidade como um território, como um campo de disputas, mas também como um espaço de encontros epistemológicos. Ela nos mostra como Mãe Dora de Oyá e Makota Kidoiale enquanto docentes na universidade pública geram impactos e rupturas importantes.

Eu gosto particularmente do modo como Beatriz Moura manipula o conceito de epistemologias ancestrais. A partir de uma crítica a essa ideia de "novas epistemologias", ela reflete sobre como os conhecimentos afro-diaspóricos, que têm nas mulheres negras e nas mulheres de axé grande referência (Barreto; Moura, 2020), são conhecimentos que se formulam coletivamente e que se firmam e têm fundamento na ancestralidade. Essas epistemologias articuladas desde os terreiros e fundamentalmente por mulheres negras, segundo Moura, se refundam na diáspora, por meio da oralidade e que só se faz possível a partir da ancestralidade.

Isso me faz pensar que, em qualquer ocasião em que falamos de cotas epistémicas, nós estamos, acima de tudo, falando de inserir no ensino superior algo que não é novo, e sim algo que é ancestral. Então, quando nós reivindicamos costas epistêmicas, nós estamos reivindicando que a nossa ancestralidade de algum modo deve constituir parte importante da nossa formação acadêmica. Nesse sentido, para além de iniciativas como o Encontro de Saberes, que é importantíssimo, muitos de nós entendemos e defendemos as cotas epistêmicas como uma racialização dos nossos currículos de curso, lutando pela inclusão de autores e autoras negras nas ementas das disciplinas, por exemplo. Eu reivindico a racialização dos nossos currículos hoje porque eu sinto que têm sido negligenciadas uma diversidade muito grande de epistemologias. E sem contato com outros modos de produção de conhecimento, sejam esses modos nos apresentados de forma escrita ou não, nós não vamos superar o desafio que eu falei no começo da minha fala de saber contar e saber escrever a nossa própria episteme. E nesse momento eu aciono a Grada Kilomba (2019) mais uma vez, que afirma que escrever é um ato político, pois quando escrevemos nos tornamos sujeitos. Esse ato de "torna-se" se relaciona com a clássica relação entre "eu" e o "Outro". É justamente a passagem de objeto a sujeito de que falam Frantz Fanon (1967), bell hooks (1989) e a própria Grada Kilomba (2019), por exemplo, que marca a escrita como um ato de descolonização. Grada Kilomba fala o seguinte: "quando escrevo, eu me torno a narradora e a escritora da minha própria realidade, a autora e a autoridade na minha própria história. Nesse sentido, eu me torno a oposição absoluta do que o projeto colonial predeterminou" (Kilomba, 2019, p. 28).

E o meu ponto aqui hoje é que essa escrita descolonizadora é bastante desafiadora e ela precisa ser aprendida, ela precisa ser ensinada. Ou seja, nós precisamos ler e ter contato com trabalhos descolonizadores para nós produzirmos dessa forma também. Para que nossas monografias, nossas dissertações, nossas teses, nossos artigos e nossos projetos informem sobre nós, sobre os nossos corpos, sobre o nosso pertencimento racial. Sem ser obviamente no parágrafo final, como bem provocou a minha amiga e antropóloga Helena Assunção.

Então, quando eu penso em cota epistêmica, eu penso no direito ao acesso a epistemologias negras, indígenas, africanas, afro-diaspóricas, que nos inspirem, que nos formem de uma maneira diferente e de uma forma plena. Sem dúvidas, começar racializando os nossos currículos tem sido um grande primeiro passo. E, obviamente, essa luta não é mais fácil e tranquila do que a luta pelo ingresso e pela permanência dos estudantes negros, quilombolas e indígenas na universidade. Inclusive, o Coletivo Zora nasce muito em função dessa luta, que começa dentro da sala de aula, no confronto epistemológico com os nossos professores e com os nossos colegas também. Eu poderia ficar horas aqui contando as histórias dos meus colegas negros sobre como foi e continua sendo desafiador esse diálogo visando à ampliação da diversidade epistêmica das ementas dos nossos cursos na pós-graduação e na graduação. Mas vou poupar vocês e contar apenas o que escutei de um docente quando apresentei o programa de Introdução à

Antropologia que eu elaborei para a turma para a qual eu dei aula no semestre retrasado, no âmbito da prática docente, disciplina obrigatória para o curso de doutorado.

Eu apenas estava tentando colocar na prática as cotas epistêmicas e contar a história da antropologia de uma forma que eu só fui aprender na pós-graduação. O meu programa previa a leitura de autores como o Anthony Firmin, Zora Hurston, Archie Mafeje, Lélia González, Antônio Bispo dos Santos, Ailton Krenak, Jurema Werneck, Grada Kilomba, sem falar no trabalho das minhas amigas Nelma Rolande e Beatriz Moura. O comentário do tal professor sobre o meu programa de curso dizia mais ou menos assim:

> Se me permite comentar o teu programa, ele me pareceu bom, mas fiquei aqui observando que parece mais o programa de uma disciplina eletiva sobre a temática racial e a crítica colonial à antropologia. Essa é, certamente, uma dimensão importante da trajetória disciplinar, mas senti falta de uma visão mais geral sobre o que seja fazer antropologia em outras dimensões, como a ementa prevê. É natural que cada professor aproxime mais a disciplina de seu campo de interesses, mas seria também saudável, especialmente dado o caráter introdutório dessa disciplina, que outras abordagens e campos de estudo da área aparecessem, como variedade temática da disciplina. De todo modo, cabe a você, em conversa com a coordenação, definir isso[26].

Enfim, pensei muito se iria tocar nesse assunto na minha comunicação de hoje, mas, como entendo que o *Negras Antropologias* é antes de tudo um espaço de acolhimento, quis trazer isso aqui porque essa crítica incisiva à minha proposta de introdução à antropologia me magoou profundamente à época, mas também me deu a certeza de estar no caminho certo. Sim, hoje eu não vejo uma forma de introduzir a antropologia sem falar densamente de colonização, sem falar de raça, de racismo. Eu não vejo uma outra

---

[26] Comunicação pessoal. [s.l.], [s.d.].

forma de introduzir a antropologia sem falar da "temática racial e fazer uma crítica colonial".

Acho que cumpri o meu papel e esse professor me provou isso, quando na verdade estava fazendo uma grande crítica à minha conduta. Graças à coordenação da graduação daquele semestre, a professora Silvia Guimarães, eu segui com a minha proposta e tive uma experiência muito linda com a minha turma de Introdução à Antropologia. E antes que as pessoas mal-intencionadas queiram distorcer a minha fala aqui, eu não abri mão em momento algum dos clássicos hegemônicos na minha disciplina, eu apenas não deixei que eles fossem os protagonistas da história da antropologia.

Acredito que reivindicar cotas epistêmicas passa por isso, pela recanonização dos nossos referenciais teóricos, como certamente muitas pessoas já estão fazendo, como é o caso do Coletivo Negrada, do Coletivo de Estudantes Negros das Ciências Sociais da Universidade Federal do Espírito Santo, do Messias Basques com o *Curso Vozes Negras na Antropologia* e da Ana Gretel por meio do projeto RECânone da UFRN e da Unilab. Na introdução à edição brasileira do livro *Olualê Kossola: as palavras do último homem negro escravizado* (2021), da nossa Gênia do Sul, Zora Hurston, Messias Basques afirma que:

> No Brasil, devemos aos estudantes, especialmente ao Coletivo Negrada e ao Coletivo de Estudantes Negros das Ciências Sociais da Universidade Federal do Espírito Santo, a iniciativa de exigir a inclusão de autores negros em todas as disciplinas de seu curso de graduação, a partir de uma carta-manifesto por eles publicada no ano de 2017: "Não podemos continuar lendo e discutindo uma bibliografia estritamente branca e masculina depois de mais de 100 anos de abolição. A universidade mudou e precisamos estar atentos para os outros corpos e intelectualidades que a ocupam". É graças a esta iniciativa antirracista que Zora Neale Hurston e muitos outros antropólogos negros e negras têm sido cada vez mais lidos e redescobertos

> em nosso país. [...] A trajetória desses estudantes, em sua maioria vindos da periferia e de famílias negras pobres, reencena a própria vida de Zora Hurston, que durante a graduação da Universidade de Howard, em Washington, transitava das salas de aula para os ofícios de manicure, empregada doméstica e garçonete. Ela hoje inspira uma nova geração de jovens negros e negras, que a veem como símbolos e uma revolução em curso, por meio da qual os nossos ancestrais terão as suas vozes ouvidas e semeadas (Basques, 2021, p. 48).

Enfim, é isso: as cotas epistêmicas fazem parte dessa nossa revolução em curso! E o engajamento com as epistemologias negras é uma tarefa de todos os docentes e discentes, não apenas aqueles negros e negras que sonham com uma universidade multiepistêmica.

Referências

BARRETO, D.; MOURA, B. M. Dos terreiros à academia: mulheres de axé, saberes tradicionais e letramento acadêmico. **Revista Calundu**, Brasília, v. 4, n. 1, p. 1-5, jan./jun. 2020.

BASQUES, M. Introdução à edição brasileira. *In*: HURSTON, Z. N. **Olualê Kossola**: as palavras do último homem negro escravizado. Rio de Janeiro: Record, 2021.

FANON, F. **Black skin, white masks**. London: Grove Press, 1967.

HOOKS, b. **Talking back**: thinking feminist, talking black. Boston: South End Press, 1989.

HURSTON, Z. N. **Olualê Kossola**: as palavras do último homem negro escravizado. Rio de Janeiro: Record, 2021.

KILOMBA, G. **Memórias da plantação**: episódios de racismo cotidiano. Rio de Janeiro: Ed. Cobogó, 2019.

MIRANDA, A. Seguindo a herança dos meus ancestrais: negras epistemologias e a descolonização do pensamento. **Pós**: Revista Brasiliense de Pós-Graduação em Ciências Sociais, Brasília, v. 15, n. 1, p. 167-187, jan. 2020.

MOURA, Beatriz Martins. **Mulheres de axé e o território da universidade**: encruzilhando epistemologias e refundando pedagogias. 2021. 187 f. Tese (Doutorado em Antropologia Social) — Universidade de Brasília, Brasília, 2021.

NEGRAS ANTROPOLOGIAS CAST: Ep 2: coletivos negros, ensino superior e contribuições para uma agenda antirracista — PARTE I. Locução: Ana Clara Damásio. Roteiro e edição: Lidomar Nepomuceno. Primeira parte da Mesa de Abertura do IV Negras Antropologias (nov. 2020). [*S. l.*]: Spotify, 31 mar. 2023. *Podcast*. Disponível em: https://open.spotify.com/episode/6jXfSsYwePYMaxGwReviwj?si=xqrUHby_S6izTEuqC4YBp-g&utm_source=copy-link. Acesso em: 5 jun. 2023.

COTAS EPISTÊMICAS: POLÍTICA DE AÇÃO AFIRMATIVA E DE PROMOÇÃO DA SAÚDE MENTAL UNIVERSITÁRIA

João Paulo Siqueira

Olá, boa tarde a todos, todas e todes. Obrigado pela apresentação, Rose. É um prazer muito grande poder compor esta mesa temática com a Aline. Agradeço ao Coletivo Zora Hurston pelo espaço cedido e pela confiança. É uma alegria também participar do Negras Antropologias, agora em outra posição, já que fui ouvinte lá no evento de 2019 em que estava no meio da graduação e enxergava o mestrado como algo distante. Interessantíssimo essas reviravoltas.

Bom, pessoal, "vamo" lá. Peço licença pra ler o documento que preparei, tenho notado que esse é uma forma particular de apresentação na Antropologia, desde RBA, no próprio Negras de 2019, até os Seminários do DAN. E vamos de experimentar esse modelo.

Contextualização

Então, queria inicialmente contextualizar minha fala, cujo título que dei é "Cotas epistêmicas: política de ação afirmativa e de promoção da saúde mental universitária", em que busco discutir as Cotas Epistêmicas em uma dimensão mais aplicada, pensando nas implicações de sua ausência para os discentes negros e nas potencialidades de sua implementação enquanto uma Política de Ação Afirmativa e que, consequentemente, servirá como estratégia de Prevenção/Promoção da Saúde Mental universitária.

Essa discussão envolve dados do meu trabalho de conclusão de curso em Psicologia (Siqueira, 2021), o qual está publicado na revista de Psicologia da Universidade Autônoma de Barcelona, em que discuto a trajetória de estudantes negros da UnB e os impactos subjetivos, seja em relação ao sofrimento psíquico gerado por se habitar neste espaço monoepistêmico e que preza pela produção individual e "neutra" do conhecimento, seja pelo fortalecimento subjetivo produzido pelo aquilombamento em coletivos negros, no que tange à autoeficácia e ao acesso a conhecimentos que dialoguem diretamente com suas realidades. Em especial, trago dados de uma das dimensões estudadas neste artigo que é a da percepção dos interlocutores a respeito da matriz epistêmica promovida pela Universidade.

Falo mais especificamente da realidade de estudantes negros, mas entendo que possa haver aproximações, mas também significativos distanciamentos com a vivência de demais populações-alvo do racismo, como povos indígenas e populações quilombolas. Outra inspiração significativa foi ter cursado no último semestre a disciplina Estudos Etnológicos de Problemas Sociais (Descolonização Epistêmica e Encontro de Saberes), ministrada pelo professor José Jorge Carvalho, na qual os discentes eram majoritariamente negros, quilombolas e indígenas. Algo que eu nunca tinha vivenciado, pelo contrário, sempre estive em salas de aula em que mais de 70% era composto por pessoas brancas. Nós sabemos a violência (nem tão) silenciosa que é naturalizar essa supremacia branca nos espaços de poder. O encontro vivenciado nessa disciplina do semestre passado foi muito rico, e não só em termos pluriepistêmicos, mas sobretudo pelo ambiente acolhedor e pautado na construção coletiva do conhecimento.

Enquanto discentes desta universidade, sabemos que não há promoção, de forma orgânica, de conhecimentos que fujam das experiências eurocentradas que são difundidas como universais desde a modernidade. Acredito que uma saída possível é transformar essa percepção das desigualdades em denúncia, especificamente, neste caso, em dados, em produção científica, já que esse é o jogo em que estamos inseridos.

Cotas epistêmicas enquanto política de ação afirmativa e de promoção da saúde mental universitária

Na minha pesquisa, os resultados apontam de fato a percepção de que o conhecimento passado na universidade é monoepistêmico, referenciado na matriz eurocêntrica que não só universaliza as produções provincianas realizadas a partir da região oeste-europeia, como nega e desqualifica os saberes de diferentes origens. O que me parece ser uma expressão sintomática do funcionamento do eurocentrismo, seja no caráter desumanizador das populações originárias de África e América no século XV e XVII, seja na demonização de religiões e espiritualidades que fujam do cristianismo. Não coincidentemente, esse padrão de atitudes se materializa em comportamentos dos sujeitos nas dinâmicas raciais do Brasil, como veremos mais à frente.

Ainda em relação aos resultados da pesquisa, tenho frisado que conhecimentos fundamentados em outras matrizes epistemológicas não são difundidos de forma orgânica. Mas vocês podem se questionar, "mas eu venho tendo contato com autores negros e negras nas minhas disciplinas". Eu também me questiono quando percebo que o maioral, Frantz Fanon, está presente nas três disciplinas da pós em que estou matriculado. Não podemos esquecer que essa "Onda" de pesquisadores negros nas ementas se deu justamente após a implementação da Lei 12.711/2012, a qual prevê reserva de vagas para alunos e alunas de escolas públicas, de baixa renda, negros e outros em Instituições Federais brasileiras. Nesse sentido, quando insisto no termo "orgânico", quero apontar que a inclusão de produções afro-brasileiras/afro-diaspóricas nos currículos não aconteceu por conta do reconhecimento institucional da universidade, instituto ou departamentos, mas por conta dessa "Onda" de estudantes negros que passou a compor o quadro de discentes de forma mais significativa, os quais passaram a demandar e a construir alternativas, como o aquilombamento em coletivos, para a difusão de saberes enraizados que deem conta de minimamente ler os fenômenos sociais de uma sociedade estruturada por meio da escravização, do genocídio e do epistemicídio de populações não brancas.

Perceber a agência de estudantes negros se organizando para propor outros conhecimentos pode ser lido como resistência, porém é importante salientar que essa agência só precisa acontecer por conta da negligência institucional. Sendo assim, essa tarefa se caracteriza como um "esforço duplo", conforme apresentado pelos interlocutores, em que "uma sobrecarga é gerada quando estudantes negros além de realizar essa busca por saberes que deem conta de suas vivências, terão que cumprir e se apropriar dos saberes clássicos de seus cursos que partem de uma matriz eurocêntrica" (Siqueira; Ramos, 2021, p. 17). Isso é uma prática violenta, uma vez que buscar saberes afro-brasileiros/diaspóricos não é somente com o intuito de enriquecer repertório intelectual, mas sobretudo para ressignificar o papel que nos é dado na produção científica: enquanto meros objetos de estudo, sendo falados por pessoas brancas, lidos de forma estereotipada por pessoas que lucram com essa subalternização. Nesse sentido, essa é uma luta coletiva por humanização, de reconhecer as nossas potencialidades enquanto produtores de saber dentro das ciências.

Essa dupla tarefa de se apropriar do conhecimento universitário, que já é marcado por uma significativa dificuldade para todos os discentes, é somada ao sentimento de não pertencimento, de desvalorização explícita e implícita na sala de aula ou no aprisionamento de ser o "negrólogo" que impede o grupo de pesquisa de praticar racismo, ou até mesmo sendo acusados de "identitarismo", de que fazemos militância, e não ciência quando pesquisamos alguma temática racial. Apontamentos esses que normalmente vêm de professores brancos, que inclusive ocupam majoritariamente esse cargo nas universidades. Esse tipo de comportamento expressa uma das particularidades da identidade racial branca no Brasil: sentir-se objetivo e universal, enquanto o outro é específico e enviesado.

Diante dessa realidade de valorização assimétrica e de difusão de saber monoepistêmico, temos visto discentes negros assumindo essa responsabilidade de pautar conhecimentos antirracistas de forma solitária, não remunerada e bastante trabalhosa, pois, como já citado, esses estudantes já atravessam um ambiente que em si é gerador de muito estresse, somado às vulnerabilidades psicossociais de ser uma pessoa negra nesta estrutura racista, além de variáveis ambientais específicas... Me parece uma engrenagem que promove o aniquilamento subjetivo dessas pessoas.

Importante lembrar que sobrecarga gera adoecimento psíquico e, inclusive, estudantes negros, no Brasil, possuem maior prevalência de diagnóstico de Transtornos Mentais Comuns (Bastos *et al.*, 2014), como ansiedade e depressão, que estão associados à sobrecarga de trabalho e ambientes insalubres. Esse, ademais, é um ponto de intersecção no que tange à negligência institucional.

Diante do desamparo da UnB em relação à atenção à saúde mental universitária, somado à demanda de estudantes negros, psicólogos negros de forma autônoma e, novamente, voluntária assumiram esse compromisso de reduzir os danos por meio de atendimento psicológico gratuito a graduandos e pós-graduandos negros em 2017, criando assim o grupo ReVira (Ressignificando Vivências Raciais) (Campos; Gouveia; Siqueira, 2022). Grupo o qual recentemente foi premiado pelo Conselho Federal de Psicologia como notável prática profissional antirracista. Mas que também sofre com o desamparo da instituição e sobrecarga dos profissionais que não recebem o mínimo por assumir uma demanda que é da Universidade, que além do mais se beneficia e fica bonita nos jornais por comportar tal iniciativa. Justamente por isso, o grupo teve seus trabalhos paralisados entre 2019 e 2021, mas já retomou as atividades neste ano (2022).

Isso posto, enxergo que aplicar as cotas epistêmicas enquanto política de ações afirmativas servirá, também, como prevenção e promoção da saúde mental universitária, sobretudo para pessoas negras, ao validar conhecimentos tradicionais, propor letramento racial crítico aos profissionais, poder repensar seu povo e a si mesmo com o próprio olhar, e não mais pelas lentes do outro que nos minimiza. Como também ter o sofrimento causado pelo racismo validado nos serviços de saúde, sendo atendidos por profissionais que tenham como referência de sujeito não mais aquele ser humano universal, que não tem raça, gênero, orientação sexual — mas sim com uma referência de humanidade focada na maioria racial do Brasil, que é negra, e que também, segundo o anuário estatístico da UnB, a maioria dos discentes de graduação da Universidade de Brasília são negros. Além de partir de uma produção do conhecimento inclusiva, e não excludente, sendo incentivada a integração de saberes científico-tradicionais e científico-acadêmicos.

Outro ganho significativo com as cotas epistêmicas é diminuir a carga de trabalho dos sujeitos negros de pautarem tais conhecimentos, uma vez que isso é responsabilidade do professor, que inclusive recebe dinheiro público para isso. Aliás, essa estratificação tem um componente racial bem demarcado, em que os discentes, supostamente (por conta das fraudes), são em maioria negros e os docentes são majoritariamente brancos. Defendo que a luta antirracista deve ser um compromisso também dos brancos, de responsabilização. É importante a inserção da pauta "identidade racial branca" nas discussões sobre relações raciais, como vem sendo bem feito pelos estudos sobre branquitude. Precisamos falar sobre letramento racial crítico de pessoas brancas, para que assim o sentimento de "medo" referente à Onda negra se transforme em atitude e comportamento de compromisso para a construção de uma sociedade equânime e, de fato, antirracista.

Enfrentamentos futuros e avanços conquistados

Ainda que a duras penas de sobrecarga de discentes e coletivos negros, temos visto avanços significativos na Universidade, como a efetivação da Coordenação da Questão Negra dentro da Secretaria de Direitos Humanos, a implementação de cotas para estudantes negros, indígenas e quilombolas nos cursos de pós-graduação juntamente com bancas de heteroidentificação, um crescente no número de docentes efetivos negros e indígenas nos departamentos de Humanas, o fortalecimento de um serviço de atenção à saúde mental de estudantes negros da UnB, o próprio projeto Encontro de Saberes.

Destaco, em especial, os avanços trazidos pela Comissão de Ações Afirmativas do PPGAS. A primeira delas foi exatamente a obrigatoriedade de cotas epistêmicas na seleção: em que foi aprovada a determinação de que 25% da bibliografia dos processos seletivos devem ser compostas de autores afro-brasileiros e indígenas. A segunda, entre outras, foi a ampliação da reserva de vagas para candidatos autodeclarados negros optantes das políticas de ações afirmativas, de 20% para 33%, ou seja, um terço das vagas de todo processo seletivo na pós-graduação.

Temos muito ainda a conquistar e reparar, mas para isso precisamos viver bem, não só sobreviver. Construir espaços de acolhimento, de cuidado, de descanso, de diversão, de futilidade, de militância, de atividade física, artística, psicoterapêutica, alimentação, espiritualidade, de contato com a terra... enfim. Finalizo dizendo que: *nossos passos vêm de longe* e não é aqui que vamos parar!

Obrigado!

Referências

BASTOS, J. L. *et al.* Age, class and race discrimination: their interactions and associations with mental health among Brazilian university students. **Cadernos de Saúde Pública**, v. 30 n. 1, 175-186, 2014.

CAMPOS, B.; GOUVEIA, M.; SIQUEIRA, J. P. Por uma escuta psicoterapêutica racializada: relato de experiência universitária do grupo Ressignificando Vivências Raciais (REVIRA). *In*: Conselho Federal de Psicologia (org.). **Psicologia Brasileira na Luta Antirracista**. Brasília: CFP, 2022. v. 2. p. 247-261.

SIQUEIRA, J. P.; RAMOS, R. M. As (re)configurações subjetivas e identitárias de negros na Universidade: fricções epistêmicas e aquilombamento acadêmico. **Quaderns de Psicologia**, v. 23 n. 3, p. 1-23, 2021.

"ESSE AÍ É SEM FUTURO": PROCESSOS DE SUJEIÇÃO CRIMINAL DE ADOLESCENTES EM CONFLITO COM A LEI

Flávia Cabral

A trajetória de vida dos adolescentes que são acusados pela prática de atos infracionais é marcada por uma realidade social ou de uma estrutura familiar atravessada por muitas ausências. Ausência parental, estatal, de direitos básicos, de afetos e, sobretudo, ausência de uma perspectiva de vida diferente daquela que, muitas vezes, é a única que eles conhecem. São jovens que vivem à margem do processo de sujeição (Foucault, 2010a; 2021; Misse, 2010), dado que, historicamente, são os alvos preferenciais dos mecanismos de repressão e punição do Estado que os caracterizam a partir do assujeitamento do não ser, do "outro", do "anormal" (Foucault, 2010b). Dessa forma, a desigualdade se inicia muito antes da institucionalização pelo sistema de justiça e de receberem o novo status de adolescentes em conflito com a lei.

O cenário infracional do Distrito Federal não é diferente do restante do Brasil, como apontam os dados obtidos na Vara Regional de Atos Infracionais da Infância e da Juventude, em que pude verificar que, no ano de 2018, os adolescentes mais apreendidos viviam nas cidades-satélites predominantemente pobres e com a maioria da população negra, como Ceilândia, Samambaia, Planaltina e Recanto das Emas[27]. No entanto, é importante ressaltar a ausência de dados oficiais e registros consolidados relativos à cor/etnia dos adolescentes apreendidos. É um dado inexistente sobre

---

[27] Em 2018, a população negra de Ceilândia/DF correspondia a 65%; e 81,7% possuía renda domiciliar abaixo de 5 salários mínimos*. Em Samambaia/DF, 65,4% se autodeclararam negros; 87,3% possuíam renda domiciliar abaixo de 5 salários mínimos*. Em Planaltina, 74% da população se autodeclarou negra e 94,5% possuía o rendimento domiciliar abaixo de 5 salários mínimos*. No Recanto das Emas/DF, 65,8% correspondia à população negra; 87,9% possuía o rendimento domiciliar abaixo de 5 salários mínimos* (PDAD, 2018). *Em 2018, o valor do salário mínimo era R$ 954,00.

a justiça juvenil e o sistema socioeducativo do Distrito Federal. A omissão dessas informações pelo Estado contribui para o não reconhecimento da problemática racial na seara infracional e afeta a implementação de políticas públicas elaboradas especificamente com base no recorte racial. Então, nos questionamos: a quem interessa o apagamento da identidade racial desses jovens? Pois como bem demonstrou Didier Fassin (2018, p. 64), não se trata apenas "de produzir estatísticas utilizando a cor como variável, mas de constatar que essas realidades existem e interrogar-se sobre seu sentido" a fim de combater a desigualdade. Apesar disso, a conjuntura observada no cotidiano da Vara da Infância e da Juventude não é diferente daquela vivenciada nas Varas Criminais. A maioria massiva dos adolescentes que circulam ali como acusados pela prática de atos infracionais são negros, jovens pretos e pardos, com idade entre 12 e 17 anos.

O contexto no qual esses jovens estão inseridos é minado pela desigualdade social, que dificulta o acesso aos bens de consumo tão estimados na adolescência, um período marcado por muitos conflitos e tensionamentos, no qual a construção da identidade é perpassada pelo desejo de posse de bens materiais que indicam o status na sociedade. No ímpeto de alcançar um reconhecimento social, em muitos casos, jovens pobres e negros ingressam na seara infracional "num esforço inconsciente de buscar um significado para sua sobrevivência no meio em que vivem" (Silva, 2007, p. 252). O desejo de consumo imediato cria a necessidade de obtenção de recursos financeiros, que, em muitos casos, torna-se a motivação para práticas ilícitas (Paiva, 2007, p. 38). Isso fica evidenciado na tipificação legal dos atos infracionais mais predominantes pelos quais os adolescentes foram apreendidos no ano de 2018, tendo sido 41,26% análogos aos crimes de roubo, 23,61% de tráfico de drogas e 6,29% de furto, consecutivamente, e que são caracterizados pela obtenção de dinheiro rápido.

Muitas vezes, o acesso à justiça por esses jovens dá-se tão somente por meio da judicialização dos atos infracionais. Os jovens negros que residem nas regiões pobres são estigmatizados desde a infância e tornam-se alvos preferenciais dos mecanismos de controle e punição do Estado. Eles são caracterizados como sujeitos negativos por todo o corpo social, que insere neles o estigma do crime, iniciando, assim, o processo de sujeição criminal[28], que poderá definir suas vidas (Misse, 2007; 2010). Como já falava Lélia Gonzalez: "para os policiais, todo negro é um marginal até prova em contrário" (2020, p. 46). Ela ainda cita em seu ensaio sobre a juventude negra brasileira escrito em 1979:

> Existem atualmente no Brasil cerca de 16 milhões de adolescentes e jovens totalmente entregues à própria sorte, sem a menor perspectiva de vida; ou melhor, sua única perspectiva são o banditismo e a morte. Desnecessário dizer que são negros em sua maioria. Conhecidos popularmente como "pivetes", "trombadinhas" etc, sua idade varia de 11 a 17 anos. Caberia aqui a seguinte pergunta: por que em um país que, na classificação mundial, situa-se em oitavo lugar — do ponto de vista do desenvolvimento econômico — ocorre esse tipo de fenômeno social?

Já são mais de quarenta anos desde que Lélia escreveu isso, e mais de trinta anos desde que o Estatuto da Criança e do Adolescente entrou em vigor, em 1990, quando conferiu a todos os adolescentes o status de sujeitos de direito que, em tese, conferiria a eles todas as prerrogativas de um cidadão, com direitos garantidos a partir da doutrina de proteção integral. No entanto, até hoje, uma parcela significativa dos adolescentes não usufrui integralmente da cidadania no âmbito jurídico, como é o caso dos adolescentes em conflito com a lei, visto que a privação de liberdade continua sendo o método mais utilizado pelo sistema de justiça brasileiro para responsabilizar os adolescentes pelos atos infracionais cometidos. De acordo com um levantamento realizado pelo Conselho

---

[28] Segundo Misse (2007, p. 193) sujeição criminal é quando o indivíduo frequentemente estigmatizado como "bandido" incorpora em sua identidade a suspeita ou acusação, de modo que toda a sociedade o veja como um sujeito perigoso, "alguém de quem se espera que sempre cometa ou continue a cometer crimes".

Nacional de Justiça (CNJ), em 2018 o Distrito Federal ocupava o 9º lugar no ranking de internações provisórias de adolescentes no país e era a segunda unidade da federação com a maior quantidade de adolescentes em privação de liberdade, tendo em média 22 adolescentes apreendidos a cada 100 mil habitantes.

Durante muito tempo, o Estado pôde segregar jovens que eram considerados "indesejáveis" sem submetê-los ao processo legal, adotando o encarceramento como regra de controle social. É importante contextualizar que, antes da implementação do Estatuto da Criança e do Adolescente, o judiciário atuava sob a visão do Código de Menores,[29] que possuía um caráter estritamente tutelar e preconizava um sistema punitivo restrito aos jovens que estivessem em situação considerada "irregular". A "situação irregular" tinha como premissa a análise das características pessoais e sociais dos adolescentes que seriam considerados uma ameaça à ordem social e, portanto, deveriam ser submetidos a um tratamento disciplinar antes mesmo que qualquer infração fosse concretizada. Assim, jovens pobres e negros eram recolhidos indiscriminadamente aos centros reformatórios, por tempo indeterminado, com a justificativa de livrá-los da delinquência, mesmo que não houvesse indícios de que teriam cometido qualquer ato ilegal.

A internação cautelar era adotada como uma ferramenta de controle social antecipada, tornando jovens pertencentes a tal "situação irregular" em suspeitos naturais, indivíduos que seriam dotados de elevado grau de periculosidade. Na teoria foucaultiana, esse tipo de análise "dava aos mecanismos de punição legal um poder justificável não mais simplesmente sobre as infrações, mas sobre os indivíduos; não mais sobre o que eles fizeram, mas sobre aquilo que eles são, serão ou possam ser" (Foucault, 2014, p. 23).

Em caráter formal, o Estatuto da Criança e do Adolescente (ECA) objetivou retirar o caráter estritamente tutelar do Estado que tratava esses jovens como meros objetos do sistema judiciário, erradicando, assim, o conceito de "menor" atribuído a eles, para que

---

[29] Lei n.º 6.697/1979, revogada integralmente pelo ECA.

pudessem gozar das garantias e obrigações inerentes à condição cidadã. Ao considerar o período peculiar de desenvolvimento no qual se encontravam, definiu normas especiais para lhes conferir tratamento jurídico diferenciado, inclusive na esfera de responsabilização penal[30]. Na seara infracional foram adotadas políticas de inclusão social com a implementação do devido processo legal, que incluiu a possibilidade de aplicação de medidas socioeducativas[31] como solução de responsabilização ao cometimento de atos infracionais. O devido processo legal[32] abrange várias garantias processuais como a ampla defesa técnica e direito ao contraditório, a fundamentação de todas as decisões proferidas no curso do processo por um juiz imparcial, a presunção de inocência, o direito ao silêncio, a participação ativa no curso do processo, a igualdade na relação processual, entre outras.

A partir de então, de acordo com o ECA, a internação provisória como medida cautelar só deve ser realizada quando, pela "gravidade do ato infracional e sua repercussão social, deva o adolescente permanecer sob internação para garantia de sua segurança pessoal ou manutenção da ordem pública". Além dos critérios de excepcionalidade, a decisão de privação de liberdade proferida pelos juízes "deve ser fundamentada e basear-se em indícios suficientes de autoria e materialidade, demonstrada a necessidade imperiosa da medida". Na análise de alguns processos relativos às apreensões em flagrante de adolescentes no Distrito Federal no ano de 2018, observei alguns argumentos utilizados pelos juízes para fundamentar decisões de internação provisória dos adolescentes e que se repetiram sistematicamente nos casos de roubo e tráfico de drogas, nos quais se destacam: "[...] necessidade

---

[30] A responsabilização penal de adolescentes ocorre a partir dos 12 anos de idade, podendo ser aplicadas medidas socioeducativas que possuem um caráter educativo e mais brando em relação às penas aplicadas aos adultos.

[31] As medidas socioeducativas são as privativas de liberdade (internação e semiliberdade pelo prazo máximo de três anos), as não privativas de liberdade em meio aberto (liberdade assistida e prestação de serviço à comunidade) e a internação provisória pelo prazo máximo de 45 dias (art. 108, caput e art. 112, ECA).

[32] Nenhum adolescente será privado de sua liberdade sem o devido processo legal (art. 110, ECA).

de imposição de medida cautelar extrema como mecanismo de contenção da escalada criminosa do adolescente"; "[...] evitar que cultivem a falsa sensação de impunidade diante da grave conduta que lhes é imputada" e a "[...] necessidade de uma intervenção mais enérgica por parte do Estado de forma a evitar a reiteração de condutas semelhantes e para que se acautele a ordem pública".

Podemos observar, portanto, que a fundamentação dos juízes para a decretação de internação provisória aos adolescentes acusados pela prática de atos infracionais que não foram cometidos mediante grave violência ou ameaça à vida está baseada nos argumentos de que a privação de liberdade é imprescindível para a "manutenção da ordem pública" e a "contenção de novos delitos", estando além da responsabilização pelos atos em tese cometidos. A sujeição criminal, portanto, fica evidenciada nesses casos que resultam na aplicação de medidas socioeducativas mais gravosas aos adolescentes em situação social vulnerável, a partir de justificativas como o potencial de periculosidade e capacidade de reincidência, mesmo quando esses argumentos não se encaixam para embasar uma determinação de restrição de liberdade, em desacordo com a doutrina de proteção integral estabelecida pelo ECA.

Corroborando esse processo de sujeição criminal, há um estigma entranhado no imaginário coletivo em relação aos adolescentes que cometeram atos infracionais e que é alimentado pela forma como os casos são veiculados pela mídia, que gera uma percepção de que todos os delitos cometidos são crimes dotados de alta periculosidade, além de que a impunidade impera no tratamento dispensado a esses jovens pelo sistema judiciário. Assim, o corpo social clama por punições mais severas a esse grupo, o que é ampliado pela "dificuldade da sociedade em identificar nesses indivíduos a substância moral das pessoas dignas" (Cardoso de Oliveira, 2011). Para a sociedade, o adolescente que cometeu um ato infracional deixa de ser um indivíduo portador de direitos, uma vez que infringiu as normas legais do contrato social, tornando-se, na visão de Foucault (2014, p. 249), "um sujeito jurídico requalificado pela punição".

> A infração lança o indivíduo contra todo o corpo social; a sociedade tem o direito de se levantar em peso contra ele para puni-lo. Luta desigual: de um só lado todas as forças, todo o poder, todos os direitos. [...] O infrator torna-se o inimigo comum. Até mesmo pior que um inimigo, é um traidor, pois ele desfere seus golpes dentro da sociedade. Um "monstro" (Foucault, 2014, p. 89).

No entanto, os dados[33] mostram que, de todas as apreensões ocorridas no Distrito Federal no ano de 2018, apenas 1,5% do total de adolescentes apreendidos cometeram atos infracionais tentados ou consumados contra a vida. A maior parte dos atos infracionais cometidos por adolescentes é constituída por roubo e tráfico de drogas, delitos que, em tese, não são praticados mediante grave ameaça à vida e, portanto, não deveriam ensejar o decreto da medida mais gravosa como a restrição de liberdade. Além disso, verifiquei que 74,5% dos adolescentes apreendidos não usaram de violência física contra as vítimas. Não obstante, o judiciário ainda adota a privação de liberdade como decisão majoritária na administração de conflitos de jovens infratores.

No caso do roubo, que é o ato infracional mais cometido por adolescentes, em todo o Distrito Federal, a internação provisória foi decretada em 69% dos casos, e somente em 16% dos casos os adolescentes foram liberados após audiência. Em relação ao ato análogo ao tráfico de drogas, em 36,7% dos casos, os adolescentes tiveram a internação provisória decretada. Esse quantitativo reflete a contradição entre a realidade e o sentimento de impunidade que reverbera na sociedade em relação aos adolescentes em conflito com a lei, já que a maioria deles foi internada provisoriamente em virtude dos atos infracionais cometidos em tese, inclusive nos casos dos delitos considerados mais brandos pela lei.

Mesmo que os atos infracionais mais praticados pelos adolescentes não envolvam uso de violência física ou grave ameaça à vida, a restrição de liberdade tem se mostrado uma prática comum

---

[33] Anuário NAI/UAI-DF (2020).

nas decisões proferidas após as apreensões. Isso resulta no encarceramento de jovens pobres e negros cada vez mais notório no país e nos remete ao período do antigo Código de Menores, nas vezes em que o judiciário se utiliza desse mecanismo de punição "em nome de sua proteção, não de sua responsabilização" (Sposato, 2013, p. 98) e, principalmente, quando aparenta selecionar um grupo vulnerável cometedor de delitos de pequeno potencial ofensivo para excluir da sociedade por meio do encarceramento.

E, assim, eu finalizo citando mais uma vez Lélia Gonzalez com o intuito de provocar uma reflexão acerca do quanto o sistema de justiça brasileiro ainda precisa avançar para eliminar o estigma da sujeição criminal e garantir as prerrogativas dos sujeitos de direito aos nossos jovens, a fim de conferir-lhes dignidade: "certamente, o futuro que aguarda aqueles que sobrevivem será, para os jovens negros, a revolta diante da falta de oportunidades que uma sociedade racista procura reforçar segundo os mais variados estereótipos" (Gonzalez, 2020, p. 47).

Referências

BRASIL. **Lei n.º 8.069, de 13 de julho de 1990.** Estatuto da Criança e do Adolescente. Brasília: 1990.

BRASIL. Conselho Nacional de Justiça. Departamento de Monitoramento e Fiscalização do Sistema Carcerário e das Medidas Socioeducativas. **Levantamento 2018.** Disponível em: https://www.cnj.jus.br/wp-content/uploads/2018/11/1020c8c889d5fd7c0ec2b7bc29850d50.pdf. Acesso em: 13 nov. 2022.

DISTRITO FEDERAL. **Anuário do Atendimento Socioeducativo Inicial no Núcleo de Atendimento Integrado** — NAI/UAI-DF. Brasília: Secretaria de Justiça e Cidadania, 2020.

DISTRITO FEDERAL. **Pesquisa Distrital por Amostra de Domicílio.** Brasília: Companhia de Planejamento do Distrito Federal — Codeplan, 2018.

FASSIN, D. Nem raça, nem racismo: o que racializar significa. *In*: MACHADO, M. H. P. T.; SCHWARCZ, L. M. (org.). **Emancipação, inclusão e exclusão**: desafios do passado e do presente. São Paulo: Edusp, 2018.

FOUCAULT, M. **Em defesa da sociedade**: curso no Collège de France (1975–1976). Tradução de Maria Ermantina Galvão. 2. ed. São Paulo: Editora WMF Martins Fontes, 2010a.

FOUCAULT, M. **Microfísica do poder**. 11. ed. São Paulo: Paz e Terra, 2021.

FOUCAULT, M. **Os anormais**: curso no Collège de France (1974–1975). Tradução de Eduardo Brandão. São Paulo: Editora WMF Martins Fontes, 2010b.

FOUCAULT, M. **Vigiar e punir**: nascimento da prisão. Tradução de Raquel Ramalhete. 42. ed. Petrópolis: Vozes, 2014.

GONZALEZ, L. A juventude negra brasileira e a questão do desemprego. *In*: RIOS, F.; LIMA, M. (org.). **Por um feminismo afro-latino-ame-ricano**: ensaios, intervenções e diálogos. 1. ed. Rio de Janeiro: Zahar, 2020. p. 45-48.

MISSE, M. Notas sobre a sujeição criminal de crianças e adolescentes. *In*: PAIVA, V.; SENTO-SÉ, J. T. (org.). **Juventude em conflito com a lei**. Rio de Janeiro: Garamond, 2007. p. 190-200.

MISSE, M. Crime, sujeito e sujeição criminal: aspectos de uma contribui-ção analítica sobre a categoria "bandido". **Lua Nova**, v. 79, p. 15-38, 2010.

OLIVEIRA, L. R. C. de. Concepções de igualdade e cidadania. **Contem-porânea**: Revista de Sociologia da UFSCar, São Carlos: Departamento e Programa de Pós-Graduação em Sociologia, n. 1, p. 35-48, 2011.

PAIVA, V. Introdução: o debate sobre a juventude em conflito com a lei. *In*: PAIVA, V.; SENTO-SÉ, J. T. (org.). **Juventude em conflito com a lei**. Rio de Janeiro: Garamond, 2007. p. 38.

SILVA, V. L. Os possíveis resultados do impossível. *In*: PAIVA, V.; SEN-TO-SÉ, J. T. (org.). **Juventude em conflito com a lei**. Rio de Janeiro: Garamond, 2007. p. 252.

SPOSATO, K. B. **Direito penal de adolescentes**: elementos para uma teoria garantista. São Paulo: Saraiva, 2013.

SOBRE OS AUTORES

Aline Miranda

É antropóloga do Instituto do Patrimônio Histórico e Artístico Nacional (IPHAN) e doutoranda no Programa de Pós-Graduação em Antropologia Social (PPGAS) da Universidade de Brasília (UnB). Participou da comissão organizadora das III e IV edições do Negras Antropologias. Seus interesses de pesquisa perpassam os seguintes temas: parentesco, relações raciais, colonialismo e pós-colonialismo, negras epistemologias, administração da justiça, patrimônio imaterial e políticas culturais. Desde 2014 desenvolve trabalho de campo na região sul de Moçambique, dedicando-se atualmente, no âmbito do doutorado, ao estudo das práticas de nominação nesse contexto.

Orcid: 0000-0002-1087-6271

Ana Clara Sousa Damásio dos Santos

É doutoranda no Programa de Pós-Graduação em Antropologia Social da Universidade de Brasília. Mestra em Antropologia pela Universidade Federal de Goiás (UFG). É integrante do MOBILE — Laboratório de Etnografia das Circulações e Dinâmicas Migratórias (DAN/UnB) e do Laboratório de Ensino de Sociologia Lélia Gonzalez (SOL/UnB). Atualmente é editora associada da revista *Novos Debates: Fórum de Antropologia*. Possui interesse nos diálogos que perpassam escravidão, relações raciais, família, parentesco, migração e metodologia antropológica. Também é a criadora do podcast "Antro, como faz?", projeto que busca discutir metodologia antropológica de maneira descomplicada e acessível.

Orcid: 0000-0001-7426-7486

Ari Lima

É doutor em Antropologia Social pela Universidade de Brasília (UnB) (2003). Atualmente é professor titular pleno da Universidade do Estado da Bahia (UNEB), professor permanente do Programa de Pós-Graduação em Crítica Cultural (DLLARTES/Campus II/ UNEB) e coordenador do Núcleo das Tradições Orais e Patrimônio Imaterial (NUTOPIA/UNEB). Em 2019, concluiu estágio pós-doutoral na École des Hautes Études en Sciences Sociales (EHSS) sobre a condição negra em Paris, França. É autor de dois livros e vários artigos publicados no Brasil e no exterior sobre as temáticas relações raciais e culturas negras. É *mona kwa nkis* no Terreiro de Mutalambô e Kaiongo.

Orcid: 0000-0001-5557-6160

Flávia Cabral

É doutoranda no Programa de Pós-Graduação em Antropologia Social da Universidade de Brasília (PPGAS/UnB). Mestra em Antropologia Social pela mesma Universidade. Integra o Grupo de Pesquisa de Cidadania, Administração de Conflitos e Justiça (CAJU) da Universidade de Brasília e o Coletivo Zora Hurston de estudantes negros do PPGAS/UnB. É pesquisadora vinculada ao Instituto Nacional de Ciência e Tecnologia de Estudos Comparados em Administração de Conflitos (INCT-InEAC) da Universidade Federal Fluminense (UFF). Possui interesses de pesquisa nas áreas da Antropologia Jurídica, Antropologia do Poder e das Instituições, Sistema Penal Juvenil, Relações Raciais e Maternidades.

Orcid: 0000-0003-1250-2254

Gabriela da Costa Silva

É mestra em Sociologia pelo Programa de Pós-Graduação em Sociologia da Universidade de Brasília, licenciada e bacharela em Sociologia pela mesma Universidade. Sua pesquisa investiga a presença dos autores negros no mercado editorial brasileiro. Seus interesses são em arte, literatura e relações raciais.

Orcid: 0000-0002-8563-2175

Ismael Silva

É doutorando em Antropologia Social pela Universidade de Brasília (UnB) e mestre em Antropologia pela Universidade Federal da Bahia (UFBA). Graduado em Ciências Sociais pela Universidade do Estado da Bahia (UNEB). Atualmente pesquisa temas relacionados à imagem e sistema de reconhecimento facial. Tem experiência na área de Antropologia Visual com ênfase em relações étnico-raciais, lecionando cursos de formação na área. É membro associado à Associação Brasileira de Antropologia (ABA) e membro do Grupo de Pesquisa Candaces (UNEB).

Orcid: 0009-0000-7834-4135

João Paulo Siqueira

É mestre em Antropologia Social pela Universidade de Brasília (UnB). Bacharel em Psicologia pela mesma Universidade. Integra o laboratório de pesquisa em Antropologia e Saúde Coletiva (CASCA) do PPGAS/UnB. Tem experiência de pesquisa, docência e parecer científico sobre relações raciais e étnicas, saúde e racismo, formação de psicólogos, além de processos de subjetivação e decolonialidade. Atua como avaliador em bancas de heteroidentificação racial.

Orcid: 0000-0002-6154-1324

Jordhanna Cavalcante

Doutoranda em Antropologia Social (PPGAS/UnB). É integrante do Coletivo Zora Hurston de estudantes negros do PPGAS/UnB. Mestra em Direito, Estado e Constituição (PPGD/UnB). Bacharel em Ciências Sociais — habilitação em Sociologia — e licenciada em Ciências Sociais pela mesma instituição. Pesquisadora vinculada ao grupo Describa (Desigualdades e Crítica no Brasil Contemporâneo — SOL/UnB) e integrante do Maré — Núcleo de Estudos e Pesquisa em Cultura Jurídica e Atlântico Negro. Possui interesse de pesquisa na área de relações raciais no Brasil e suas articulações com território, práticas culturais e parentesco.

Orcid: 0000-0002-8078-8453

Juliana Chagas

É doutoranda no Programa de Pós-Graduação em Antropologia Social da Universidade de Brasília (UnB). Mestra em Antropologia pelo Programa Associado de Pós-Graduação em Antropologia das Universidades Federal do Ceará e Universidade da Integração Internacional da Lusofonia Afro-Brasileira (2021). Bacharela em Ciências Sociais pela Universidade Federal do Ceará (2018), com ênfase em Antropologia. Bacharela em Tecnologia em Hotelaria pelo Instituto Federal de Educação, Ciência e Tecnologia do Ceará (2011). Integrante do Laboratório de Estudos em Economias e Globalizações (LEEG), vinculado ao Departamento de Antropologia da UnB. Integrante do Centro de Estudios Multidisciplinarios del Turismo (Cemtur) da Universidade de Camagüey "Ignacio Agramonte Loynaz". Integrante do coletivo de discentes negras e negros do PPGAS/UnB, Coletivo Zora Hurston. Editora de seção da *Proa: Revista de Antropologia e Arte*. Associada pós-graduanda da Associação Brasileira de Antropologia (ABA). Pesquisa identidades e sexualidades dissidentes a partir da arte; identidade, moda e estética afro; práticas comerciais não hegemônicas; sentidos de economia do quilombismo; transformações econômicas no pós-capitalismo. Áreas de interesse: Antropologia da Arte; Antropologia Econômica; Narrativas e Trajetórias; Antropologia das Populações Afro-brasileiras.

Orcid: 0000-0001-7402-6199

Lidomar Nepomuceno

Doutorando em Antropologia Social no Programa de Pós-Graduação em Antropologia Social da Universidade de Brasília (PPGAS/UnB) e mestre em Antropologia Social pelo mesmo Programa. Graduado com licenciatura em Ciências Sociais pela Universidade Federal do Ceará (UFC). Integrante do Coletivo Zora Hurston de estudantes negros do PPGAS/UnB. Tem feito pesquisa no campo das relações raciais, estudos da branquitude e religiões afro-brasileiras. Tem interesse e dialoga com as religiosidades e espiritualidades da população LGBTQIAP+, sob uma perspectiva interseccional, fazendo aproximações com a Teologia Queer e a Teologia Negra. Se interessa pelo ensino e aprendizagem das Ciências Sociais no ensino superior e básico. É criador do podcast "O Hebreu", onde busca construir diálogos e reflexões acerca das várias intersecções sobre as experiências religiosas no contexto brasileiro, com foco no diálogo inter-religioso e ecumênico. É também criador e diretor geral do "Negras Antropologias Cast", uma iniciativa de divulgação científica do Coletivo Zora Huston, que busca valorizar a produção do conhecimento de pesquisadoras/es negras/os.
Orcid: 0000-0003-1080-4048

Nayra Joseane e Silva Sousa

É doutoranda em Antropologia Social (UnB), mestra em Antropologia (UFPI) e graduada em Ciências Sociais pela Universidade Federal do Piauí. É membra efetiva da Associação Brasileira de Antropologia (ABA). É também professora de sociologia do ensino médio público no Maranhão (SEDUC-MA). Interessada nos seguintes temas de pesquisa: desigualdades e diferenças; práticas culturais; formação de públicos; direitos culturais; o trabalho no mundo da cultura; vivências heterogêneas da precarização no trabalho artístico numa perspectiva interseccional (raça, gênero, classe e regionalidade).
Orcid: 0000-0002-4131-9670

Rosana Castro

É antropóloga e professora adjunta do Departamento de Políticas e Instituições de Saúde do Instituto de Medicina Social da Universidade do Estado do Rio de Janeiro (IMS/UERJ) e docente permanente do Programa de Pós-Graduação em Saúde Coletiva do IMS/UERJ. Realiza pesquisa sobre fluxos e práticas do campo da pesquisa farmacêutica em seres humanos no Brasil e ações de coletivos e associações de pacientes que buscam acesso a tratamentos experimentais. Atualmente, investiga práticas científicas e biomédicas envolvendo vacinas e medicamentos no contexto da pandemia de covid-19. É autora do livro *Economias políticas da doença e da saúde: uma etnografia da experimentação farmacêutica.*
Orcid: 0000-0002-1069-4785

Vinícius Venancio

É doutor e mestre em Antropologia Social pela Universidade de Brasília (UnB). Foi Postdoctoral Fellow (2024) e PhD Writing Fellow (2023) no Max Planck Institute for Social Anthropology. Atuou como professor voluntário na Universidade de Brasília (2021–2023), pesquisador visitante na Universidade de Cabo Verde (2019 e 2022) e realizou estágio de pesquisa doutoral no Instituto de Ciências Sociais da Universidade de Lisboa (2023). Seus interesses de pesquisa versam sobre contextos africanos; relações familiares e de gênero; processos de racialização e antinegritude; fluxos de gente, coisas e informações; raça e relações internacionais.
Orcid: 0000-0003-3245-1204